AF609394

LE GÉNÉRAL

BADELAUNE

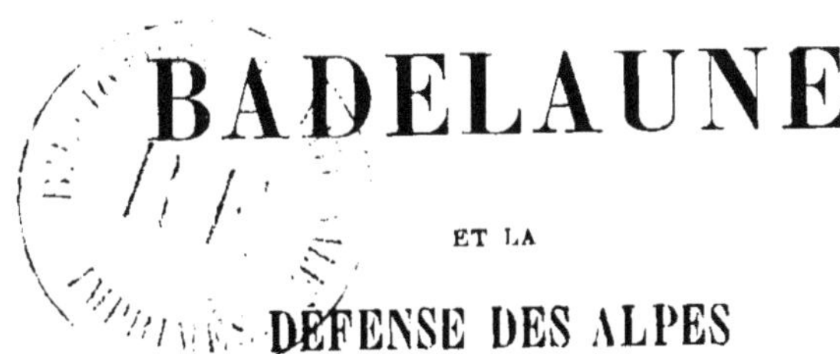

ET LA

DÉFENSE DES ALPES

Nous avons placé en tête de cette étude un portrait du général Badelaune, et la reproduction de quelques lignes écrites de sa main. Celles-ci proviennent des Archives municipales d'Annecy.

Quant au portrait, il a été obtenu au moyen d'une miniature placée dans un médaillon, souvenir précieux que la famille a bien voulu nous permettre d'utiliser.

Chambéry le 11 févrié l'an 2e de la République

Citoyens,

J'ai l'honneur de vous faire part que le Général de l'armée vient de donner des ordres au 1er Bataillon des Volontaires de l'Ariège en garnison à Voiron de se rendre à Annecy le 19 du present pour y rester jusqu'à nouvel ordre.

Vous voudrez bien lui faire procurer les logements et fournitures nécessaires.

L'adjudant Général
Badelaune

municipalité d'Annecy

LE GÉNÉRAL
BADELAUNE

ET LA

DÉFENSE DES ALPES
EN 1793-1794

PAR

Charles PHILIPPE

ANNECY
J. DÉPOLLIER ET Cie, IMPRIMEURS-ÉDITEURS

1894

AVANT-PROPOS

Le volume publié, il y a deux ans, par M. Duval, député, sur l'Invasion de la Savoie en 1793 (1), attira mon attention sur l'un des plus brillants parmi les généraux qui se distinguèrent lors des campagnes de la Révolution dans les Alpes.

C'est aussi l'un des plus ignorés. Et cependant, le général Badelaune nous touche en plus d'un point : bourgeois d'Annecy, allié à l'une des plus anciennes familles de cette ville, c'est la Savoie qu'il défendit contre les troupes austro-sardes.

J'étais possesseur de quelques papiers de famille le concernant ; je cherchai à les

(1) *Invasion de la Savoie par l'armée sarde en 1793. Mémoires et documents.* — C. Duval, député de la Haute-Savoie, maire de Saint-Julien. — Saint-Julien, Mariat, imp., 1892.

compléter, et je résolus de réunir dans une même publication les éléments épars qui font connaître avec quelque précision la vie de ce demi-compatriote (1).

Je ne prétends point tirer de l'oubli un généreux défenseur de la patrie ; même, on trouvera peut-être que bien des choses rapportées ici sont depuis longtemps connues, — ce à quoi je répondrais volontiers que quand on joue à la paume, c'est d'une même balle que se servent, quoique inégalement, les joueurs.

Mais j'ai surtout pensé qu'il pouvait être utile, aujourd'hui plus que jamais, d'honorer la mémoire de ceux qui, il y a cent ans, sans autres ressources que leur courage et leur dévouement à la patrie, organisèrent la défense des Alpes et y gagnèrent des batailles.

Je ne manquerai pas d'exprimer toute

(1) Une note biographique conçue dans un autre esprit et faisant connaître des documents absolument inédits a été présentée à la Société Florimontane et publiée par la *Revue Savoisienne*.

ma reconnaissance à ceux qui m'ont aidé, notamment à mes dévoués confrères de la Société Florimontane, MM. C.-E. PISSARD et J. SERAND. Je dois surtout un témoignage public de gratitude au savant historien des *Campagnes dans les Alpes pendant la Révolution* (1), M. le commandant KREBS, chef d'escadron d'artillerie, attaché à l'état-major général de l'armée : il a recherché et m'a communiqué avec une extrême obligeance un grand nombre de pièces qui m'étaient nécessaires, en les accompagnant de conseils précieux.

---

(1) *Campagnes dans les Alpes pendant la Révolution*, par MM. KREBS et MORIS, 1er volume 1792-1793. — Paris, Plon, édit., 1891. — Un second volume, campagnes de 1794-1796, paraitra prochainement

LE GÉNÉRAL BADELAUNE

ET LA

DÉFENSE DES ALPES EN 1793-1794

De 1756 à 1792

I

Le nom patrimonial du vainqueur du Saint-Bernard et du Mont-Cenis est De Bas de l'Aulne. Lui-même l'avait modifié aux premiers jours de 1793, de manière à lui enlever son allure aristocratique. Dès lors, ce nom fut écrit, dans les papiers du temps et ensuite par les historiens, de bien des manières : Baslaulne, Badelaune, Badelone, Bagdelonne. On trouve même trois formes différentes dans le même acte d'état-civil : Batelone, Batlonne, Battelonne (1).

Cette incertitude provient de ce que le

(1) Acte de naissance de *Véturie Batelone*, dressé le 29 thermidor, an II, le père étant absent.

général fut peu prodigue de sa signature, sa correspondance étant réduite au minimum; elle provient surtout de ce qu'il écrivait indifféremment Baslaune, Basdelaune (1), où l'on pouvait lire *on* au lieu de *au*, et où la forme ancienne de l'*s* pouvait donner un *g* (2).

Ce fut dans la séance du 30 avril 1793 du Conseil général de la commune d'Annecy, qu'il déclara ne plus porter à l'avenir d'autre nom que Baslaulne (3) :

« Sur pétitions, informations prises, et le procureur de la Commune ouï, ont été accordés certificats de civisme aux citoyens...

« A Nicolas Denis Baslaulne, adjudant-général de l'armée des Alpes, motivé surtout qu'avant la Révolution, pendant qu'il a habité cette commune, il s'est manifesté l'ami très ardent de la liberté et de l'égalité, et les susnommés ont tous été invités aux honneurs de la séance.

« Sur ses réquisitions, le Conseil lui accorde acte de la déclaration qu'il fait que

(1) Deux pièces officielles envoyées par lui à la même date sont signées, l'une Badelaune, l'autre Baslaune.

(2) J'ai adopté la forme Badelaune comme se rapprochant le plus du nom véritable parmi celles qui sont le plus répandues.

(3) *Extrait des registres* du Conseil général de la commune d'Anneci, département du Mont-Blanc, du 30 avril 1793. — L'extrait du procès-verbal qui figure aux Archives administratives du ministère de la guerre porte le nom et la signature : Baslaune.

son nom ne sera plus dès ce jour De Basdelaulne, mais seulement Baslaulne. »

En prenant cette décision, Badelaune obéissait à la même préoccupation qui faisait disparaître toute trace de noblesse du nom de beaucoup de braves soldats qui, loin d'émigrer, furent des serviteurs loyaux et dévoués de la Révolution. Avec nos idées modernes, nous trouvons cette mesure quelque peu excessive ; d'aucuns même la réprouvent, pensant qu'elle équivaut à renier le nom paternel ; mais nous sommes mauvais juges en la matière, car il nous est difficile de nous rendre un compte exact des circonstances qui se produisaient en cette époque troublée de 1793. Nous nous expliquons plus aisément l'assaut que l'on vit donner aux particules sous la Restauration, alors que notre compatriote Genoud devenait M. de Genoude (1).

Malgré cette diversité de noms attribués à Badelaune, aucun doute n'est possible sur l'unité du personnage qu'ils veulent désigner ; cela résulte notamment de l'acte de notoriété suivant, dressé le 31 décembre 1797 par Jacques Burnod, juge de paix de la commune d'Annecy, comme pièce devant

(1) On raconte que le roi Louis XVIII disait : « — Il a voulu du *de*, je lui en ai f... par devant et par derrière. »

servir à l'attribution d'une pension à la veuve et aux enfants du général :

ÉGALITÉ. — LIBERTÉ.

« Aujourd'hui, neuf nivôse, an six de la République française, sont comparus devant nous, Jacques Burnod, juge de paix de la Commune d'Annecy, département du Mont-Blanc, les citoyens Claude Joseph, fils du C[n] Joseph-Marie Philippe, commissaire du pouvoir exécutif près le tribunal correctionnel de l'arrondissement d'Annecy, Michel, fils de défunt Joseph Roux, receveur des Domaines nationaux du canton d'Annecy, et Jacques André, fils de défunt Jean-François Daviet, commis greffier au susdit tribunal correctionnel, tous les trois natifs et habitants de ladite présente commune d'Annecy, lesquels certifient par le présent et attestent pour notoriété à tous ceux qu'il appartiendra, avoir parfaitement connu *Nicolas* BADELAUNE, décédé général divisionnaire à l'armée des Alpes, vers la fin du mois de prairial de l'an trois, et sçavoir qu'on l'appelait indistinctement par ses prénoms *Nicolas-Denis*, ou simplement *Nicolas*, que son nom propre et patrimonial était DE BAS, qu'il avait eu un nom de fief sous le titre de SIEUR DE L'AULNE, qu'il avait ensuite retranché de ces noms tout ce qui ressentait les qualités de noblesse et en avait composé celui de BADELAUNE tel qu'il se trouve désigné dans divers actes et titres postérieurs au quatorze juillet dix sept cent quatre vingt neuf ; qu'il était véritablement le même que celui désigné dans l'acte de naissance du vingt neuf février dix sept cent cinquante six sous le nom de *Nicolas* DEBAS et dans l'acte de mariage du douze mars dix sept cent quatre vingt sept, ainsi que dans un acte de notoriété du vingt un février précédent sous les noms de *Nicolas* DEBAS, *écuyer*, *sieur* DELAULNE, lesquels actes ont été par nous présentés auxdits certifians pour être joints au présent.

« Ils certifient et attestent en outre comme est dit cy dessus, sçavoir que ledit Nicolas Badelaune a été continuellement et sans interruption en activité de service à compter du dix août mil sept cent quatre vingt douze (v. s.) jusqu'à l'époque de son décès, d'abord au grade d'adjudant-général de la garde soldée de Paris, ensuite au même grade dans l'armée des Alpes, où il fut envoyé vers la fin de l'automne de ladite année dix sept cent quatre vingt douze, et qu'après y avoir servi quelque temps dans ce grade, il y fut promu à celui de général de brigade et successivement à celui de général de division que les Représentants du Peuple en mission dans ladite armée, lui déférèrent sur les redoutes de l'ennemi et qui lui fut confirmé par décret de la Convention nationale, ayant mérité tous ces titres par son dévouement à la cause de la Liberté, et en particulier celui de général de division par la prise des Mont Bernard et Mont Cenis dont il conçut, dirigea et commanda un plan d'attaque dans le plus grand succès.

« Dont et de tout ce que dessus a été dressé le présent acte pour servir, etc... »

II

Né le 28 février 1756, à Paris (1), rue du Four-Saint-Germain, Nicolas, fils de Denis De Bas, écuyer, et d'Anne Françoise Legras, était d'une famille de petite noblesse. De renseignements sur cette famille, on ne possède que ceux fournis par le général dans un état de service, sorte de *curriculum vitæ*, qu'il envoya au ministère le 28 novembre 1793. C'est aussi la seule pièce où il ait indiqué les principales étapes d'une jeunesse assez mouvementée. Il écrit : « Dans la famille de son père, ce sont des marins ; dans la famille de sa mère ce sont des ouvriers. » Comme il ajoute : « Il n'est point noble, ni son père, et n'a aucun émigré

(1) *Extrait des registres* des baptêmes de l'église paroissiale de Saint-Sulpice à Paris : « Le 29 février « 1756 a été baptisé *Nicolas*, né d'hier, fils de *Denis* « DEBAS, Ecuyer, et d'Anne Françoise Legras, son « épouse, demeurant rue du Four, le Parain, Nicolas « Delaulne, bourgeois : la Marraine, Marie Colette « Echette, veuve de Louis Romain Mattra, ancien « marchand de vins, le père présent et ont signé. »

dans sa famille » on peut croire qu'il avait moins, à ce moment, le souci de l'exactitude que le désir de ne pas être pris pour un aristocrate.

Le jeune de Bas fit ses études au vieux collège d'Harcourt, aujourd'hui le lycée Saint-Louis, mais sans les pousser bien loin, car en 1770, au mois de septembre, il s'engagea dans la marine marchande. Peut-être fut-il encouragé à prendre cette décision par quelqu'un des siens. Mais il est permis de croire aussi qu'il se sentait poussé par l'humeur aventureuse qui caractérisait ceux à qui leur situation de fortune ou de naissance enlevait alors tout espoir d'une belle carrière à parcourir.

Tel fut le sort de la plupart des officiers généraux de la Révolution ; et les difficultés de leur jeunesse, en trempant leurs facultés, les préparèrent admirablement au rôle qu'ils devaient jouer plus tard. Pour presque tous, la création des gardes nationales, celle surtout des bataillons de volontaires, fut le tremplin de leur fortune militaire, car, dans les élections d'officiers, on choisissait plus volontiers, comme on le fit en 1870, ceux qui avaient été déjà au service. S'ils ne brillèrent pas tous par des talents supérieurs, si beaucoup sont restés obscurs, tous du moins servirent la France avec un noble dévouement, dans les circonstances les plus critiques, au milieu des plus pressants dangers.

Mousse à quinze ans, Nicolas de Bas devint sucessivement pilotin et lieutenant. « Il navigua continuellement, écrit-il, dans le port de Southampton, en Angleterre, soit à l'Amérique septentrionale, soit dans le Nord, jusqu'en 1774 qu'il est retourné à Paris. »

Les occupations qu'il s'y créa sont assez vagues : « a été externe chez un notaire, a cultivé la géométrie, et s'est perfectionné dans la navigation jusqu'en 1778. » Il est probable, bien qu'il ne le dise pas, qu'il dut cultiver, de pair avec la géométrie, les philosophes du XVIIIe siècle, car l'ardeur dont il fit preuve dès les premiers jours de la Révolution s'expliquerait malaisément sans le secours de convictions depuis longtemps arrêtées. A l'étroit dans une société où sa naissance ne lui laissait guère l'espoir de percer, il saisit avec empressement l'occasion que la guerre de l'Indépendance offrit en 1778 à la jeunesse française de dépenser au dehors son exubérance généreuse. Il reprit son ancien métier, et, ne pouvant compter au mombre des milliers de volontaires que La Fayette enrôla du jour au lendemain, il se mit au service de la Hollande.

Pendant trois ans, il navigua en qualité de lieutenant de frégate sur la goëlette hollandaise *Le Wolf*. En 1781, il fut promu lieutenant de vaisseau, avec rang de major d'infanterie. Il remplit ces fonctions jusqu'en 1786, époque où il quitta le service.

C'est alors qu'il vint se fixer à Annecy. Par suite de quelles circonstances? On l'ignore. Ses états de service sont muets sur ce point; ils ne portent que cette seule mention: « depuis 1786 jusqu'en 1789, a cultivé l'architecture navale à Annecy où il s'est marié. »

III

Les pièces que l'on a relativement au mariage de Badelaune tendent à faire croire qu'il était expéditif en affaires, n'aimant point à laisser les choses traîner en longueur: le consentement de sa mère est daté du 21 février 1787, à Paris, la dispense de l'Eglise est du 6 mars, et le mariage fut célébré le 12 mars, pendant le carême.

La première pièce (1) est ainsi libellée :

« Aujourd'hui sont comparus devant les Conseillers du Roy, notaires au Châtelet de Paris, soussignés,

M. Me Pierre François *Fouquet de Saint-Michel,* Ecuyer, Conseiller du Roy, son Lieutenant général criminel en l'amirauté de France au siège général de la table de marbre du Palais, à Paris, y demeurant rüe des Billettes, paroisse Saint-Jean-en-Grève,

« Et M. Charles-Alexis *Alexandre* (2),

(1) Archives de la Société Florimontane.

(2) C'était un ami de la famille Debas; il fut parrain du premier-né de Nicolas. On le retrouve, en 1793, Commissaire ordonnateur en chef (on dirait aujourd'hui intendant-général) de l'armée des Alpes, et il use, en faveur de Badelaune, de l'influence qu'il doit à sa haute situation comme à ses talents d'administrateur.

Conseiller du Roy, agent de change, banque commerce et finance, à Paris, y demeurant, rüe du Gros Chenet, paroisse Saint-Eustache.

« Lesquels certyfient par ces présentes et attestent pour notoriété à tous qu'il appartiendra connaître parfaitement Nicolas Debas, *Ecuyer, sieur* Delaulne, ancien officier de la maison militaire de S. A. R. Monseigneur, Comte d'Artois, fils majeur de deffunt Denis Debas, Ecuyer, et de D[e] Anne Françoise Legras son épouse, aujourd'huy sa veuve, et savoir que led. S. Nicolas Debas n'a à leur connaissance contracté aucun mariage jusqu'à son arrivée en Savoye.

« A ce faire fut présente et est intervenüe lad. Dame Veuve Debas demeurant à Paris, rüe du Four, quartier Saint-Germain-des-Prez, paroisse Saint-Sulpice, Laquelle consent par ces présentes que le dit Sieur Nicolas Debas son fils contracte mariage avec telle personne que bon lui semblera, donnant tous pouvoirs nécessaires au porteur desdites présentes de la représenter partout où besoin sera et de faire observer les formalités et cérémonies, en pareil cas requises et accoutumées, promettant l'avoir pour agréable.

« Dont et de tout ce que dessus a été dressé le présent acte pour servir et valoir àudit Sieur Nicolas Debas ce que de raison. Fait et passé à Paris ès demeures des parties l'an mil sept cent quatre vingt sept, le vingt unième jour de février et ont signé:

« Alexandre, Fouquet de Saint-Michel, A. F. Legras, veuve Debas Delaulne, Dupré, Mainneman. »

« Aimé-Gabriel-Henry-Bernard De Boulainvillers Chevaline, Marquis de Boulainvillers, Seigneur de Passy, Mongeron et autres lieux, Conseiller du Roy en tous ses Conseils, Prevot de la ville Prevoté et Vicomté de Paris, Conservateur des privilèges royaux de l'université, etc., certifions à tous qu'il appartiendra que Mes Mainneman et Dupré qui ont signé les actes de l'autre part sont Conseillers du Roy, notaires en son Châtelet de Paris et que foy est ajoutée tant en jugement que dehors, etc...

« Signé : le Mis de BOULAINVILLERS. »

On remarquera dans cet acte le titre donné à Badelaune d'officier de la maison militaire du comte d'Artois. C'est un titre purement honorifique. n'impliquant aucune fonction spéciale. La noblesse, la bourgeoisie même recherchaient les titres de ce genre avec un empressement d'autant plus grand qu'ils se rapportaient à une maison seigneuriale approchant de plus près la maison royale. Un tel titre comportait quelques prérogatives, certaines immunités, des avantages particuliers comme, par exemple, celui du logement dans l'une des résidences de la maison.

Voici la dispense (1):

« Nous, Christin Sigismond Perraud, docteur en théologie, chanoine pénitencier

(1) Archives de la Société Florimontane.

de la Cathédrale et vicaire général du diocèse de Genève, le siège vacant, par les motifs exposés dispensons de deux proclamations, noble Nicolas, fils de feu noble Denis Debas, Ecuyer, sieur Delaulne et de D^lle^ Anne-Françoise Le Gras, natif de Paris, paroisse Saint-Sulpice, officier de la maison militaire de S. A. R. Monseigneur le Comte d'Artois, et D^lle^ *Françoise,* fille de Défunt Me Philippe GAUD, notaire royal et procureur au siège mage du Genevois, et de D^lle^ Françoise fille de feu Sr Antoine Pradier, native et tous deux habitants en la présente ville, et leur permettons de se marier, même pendant le s^t^ temps de carême, sans pompe ni festins, le lendemain d'une seule proclamation qui sera faitte de leur mariage au prône de leur église paroissiale, pourvû qu'à leur mariage ne survienne aucune opposition ni empêchement canoniques *servatis aliis de jure servandis.*

« Donné à Annecy, le six mars mil sept cent quatre vingt sept. PERRAUD, v^re^ g^nal^, DOMENJOUD, chancelier. »

Le lundi 12 mars 1787, fut célébré en l'église Saint-Maurice le mariage de Badelaune avec Françoise-Marguerite Gaud ; celle-ci n'avait pas encore seize ans, étant née le 20 août 1771 ; l'extrait du registre des mariages n'apporte aucune indication nominative de plus que les actes précédents. Le premier-né naquit le 14 avril 1788 (1).

(1) « Le 14 avril 1788 est né à quatre heures du matin et le même jour baptisé, Joseph-Alexis, fils de

Allié aux Gaud, aux Pradier, aux Songeon, etc., c'est-à-dire aux notables familles d'Annecy, Badelaune sollicita et obtint la bourgeoisie. Le *Registre des délibérations* mentionne le fait en ces termes à la date du 6 mai 1789 :

« Lecture faite de la requeste présentée par Noble Nicolas-Denis de Baslaulne, Ecuyer, sire De Laulne, ancien officier de marine, habitant de cette ville dès environ six ans, aux fins qu'il plaise au Conseil l'admettre au nombre des bourgeois de cette ville,

« Le Conseil, ouï sur ce Monsieur l'Avocat de Ville, vu que le dit s[r] de Baslaulne s'est toujours comporté en cette ville en homme d'honneur et de probité et jouit de l'estime publique, l'a admis et admet au nombre des bourgeois de cette dite ville et jouira des privilèges de cette charge et passera à ces fins toutes les incombances requises, lui remettant tous droits de finance en tant qu'il fera placer à ses frais quatre pierres en place de celles qui manquent à

Noble Nicolas De Bas De Laulne, Ecuier, sire de Laulne, ancien officier de marine, et de D[lle] Françoise Gaud, mariés ; parrain : Messire Charles-Alexis *Alexandre*, Conseiller du Roy, agent de change à Paris y habitant, représenté par le Sr Joseph-Marie Gaud ; marraine : dame Anne-Françoise Le Graz, veuve de Noble Denis De Bas De Laulne, Ecuier, Sire de Laulne qui a aussi été représentée par D[lle] Françoise Pradier, veuve de Me Philippe Gaud, procureur. »

la closture du Pâquier et conformes aux autres. »

Mais les événements qui se précipitaient en France répondaient si pleinement aux aspirations de Badelaune qu'il n'hésita pas à partir pour Paris, au mois de janvier 1790, « quittant — ce sont ses propres expressions — femme, enfants et biens pour servir la République Française. »

Son rôle à Paris, pendant le séjour de près de trois années qu'il y fit (1), fut aussi actif que modeste. Il se consacra à la formation et à l'instruction des compagnies de canonniers dans les plus pauvres des faubourgs :

« Est entré, écrit-il, caporal de grenadiers dans la section de Saint-Marcel depuis janvier 1790, et a été successivement lieutenant et capitaine des canonniers de cette même section. Il a formé et instruit les compagnies de canonniers de Saint-Marcel, de Saint-Victor et de Saint-Jacques, jusqu'au 23 janvier 1792 qu'il a été fait sous-lieutenant au 102e régiment. »

Voici la lettre de nomination, signée de M. de Narbonne Lara, qui fut ministre de la guerre du 6 déc. 1791 au 9 mars 1792 (2) :

(1) Sa femme ne tarda pas à l'y rejoindre ; leur troisième enfant y naquit, et ils y perdirent leur aîné.

(2) Archives administratives de la Guerre.

« Paris, le 22 janvier 1792.

« Le Roi vous ayant nommé, Monsieur, à un emploi de sous-lieutenant dans le 102e régiment d'infanterie créé par la loi du mois d'août dernier, je vous préviens que Sa Majesté a autorisé le commandant de ce régiment de vous faire recevoir en cette qualité sur la présente lettre, en attendant le Brevet que je vous ferai expédier incessament.

« *Le Ministre de la guerre*,

« LOUIS DE NARBONE. »

« M. de Badelaune. »

Le 102e d'infanterie était le premier des trois régiments formés avec les Gardes françaises à partir d'octobre 1791. Badelaune n'y resta pas longtemps. Il le quitta sous un prétexte quelconque — l'incivisme du chef, dit-il ; — mais en réalité, c'est qu'avant la réception de son brevet, il avait trouvé à être employé dans la garde nationale soldée de Paris ; or, à cette époque, l'armée était tombée dans le mépris public, tandis que la garde nationale jouissait de la faveur générale. Cependant, le ministère de la guerre essayait de constituer les armées nécessaires à la défense de la patrie, menacée ou envahie déjà. Ce n'était point une petite affaire et le désarroi était grand. L'armée du Midi, notamment, exigea quatre mois. Dans le premier état de situation de l'état-major de cette armée (1), dressé en mai 1792 et comprenant les présents et les absents, Badelaune est au nombre des adjudants-généraux; mais cet état n'est que le relevé des officiers attribués par le ministère à cette armée, et dont la majeure partie n'avaient pas encore rejoint, dont beaucoup ne rejoindront que tardivement soit qu'ils n'aient point encore de lettre de service, soit que provisoirement ils restent dans leur poste actuel. C'était le cas de Badelaune qui, maintenu dans la garde nationale de Paris, était nommé, le 25 juin, capitaine d'artillerie de marine, remplissait les fonctions d'adjudant-général à la 1re Légion, puis en outre celles « de secrétaire général de l'armée parisienne » jusqu'au 1er septembre. Il ne dit point s'il prit part à la journée du Dix-Août ; mais il signale alors un fait curieux : c'est lui qui, le 12 août, fut chargé de conduire Louis XVI au Temple, où il resta dix jours.

Le 1er septembre 1793, Badelaune était nommé adjudant-général avec grade de lieutenant-colonel. Il est bon de remarquer la distinction des titres et des grades dans l'organisation militaire d'alors. On avait le

(1) *Campagnes dans les Alpes*, pièce justificative n° 14.

titre d'adjudant-général, ou d'adjoint aux adjudants-généraux, ce qui signifie qu'on était officier d'état-major ; en même temps, on avait le rang de lieutenant, de capitaine, de lieutenant-colonel, ce dernier grade correspondant à celui de chef de bataillon ou d'escadron (1).

Voici la pièce qui concerne la nomination en question :

« 1er septembre 1792.
« Lettres expédiées et remises
à M. Balonne (*sic*) le 10 dudit.

« On propose au Ministre de nommer à une place d'adjudant-général du grade de lieutenant-colonel, le Sr de Basdelaune.

« Est adjudant-général et

(1) C'est un décret du 10 février 1793 qui substitua de nouvelles dénominations aux anciennes ; pour les officiers généraux et supérieurs, voici quelle est la correspondance des grades :

Lieutenant-colonel	Chef de bataillon ou d'escadron
Colonel	Chef de Brigade
Maréchal de Camp	Général de Brigade
Lieutenant-général	Général de Division

Le Chef de Brigade devait commander l'unité *administrative* dénommée demi-brigade, composée de 3 bataillons, qui ne fut formée en général que dans l'hiver de 1794, par la fusion des bataillons de ligne et de volontaires. La demi-brigade a repris, en 1805, le nom de régiment. Le Général de Brigade commandait l'unité *tactique* dénommée Brigade, comprenant un nombre variable de bataillons.

secrétaire-général de l'Armée Parisienne. Cet officier pourrait être employé au camp de Paris. Il est chargé de l'organisation des bataillons de piquiers (1).

« *Approuvé.* »

Badelaune fut effectivement employé au Camp de Paris ; mais le 12 octobre suivant, il passait avec son grade à l'armée des Alpes qui allait prendre, en Savoie, ses cantonnements d'hiver. Le lieutenant-général d'Ornac exerçait, par intérim, le commandement en chef, Montesquiou ayant passé en Suisse, et Kellermann ne devant arriver que le 20 décembre.

---

(1) La pique avait été adoptée au mois de janvier 1792 pour l'armement des sections, sous l'impulsion des Girondins. Le 7 février, Doppet présente aux Jacobins un serrurier qui venait faire hommage des piques qu'il avait forgées (Michelet).

Campagne de 1793

I

La situation de l'armée des Alpes n'était pas brillante. L'effectif s'élevait à 25,000 hommes environ, alors que 40,000 eussent été nécessaires pour garder efficacement la frontière. Il n'y avait pas de commandant en chef (1). Il manquait à l'état-major deux lieutenants-généraux, six maréchaux de camp, deux adjudants-généraux; on ne pouvait, par suite, consacrer tous les soins désirables à la discipline et à l'instruction de soldats pour la plupart improvisés (2). L'habillement était dans l'état le plus lamentable; l'armement laissait beaucoup à désirer; le service des vivres était à peine assuré, on vivait au jour le jour. En outre,

(1) Le général Saint-Remy, chef d'état-major; Alexandre, commissaire ordonnateur en chef nouvellement arrivé; Saint-Menin, administrateur en chef des vivres; Pascalis, commissaire auditeur des guerres.

(2) *Campagnes dans les Alpes*, p. 120 et suivantes.

des pluies continuelles incommodaient les troupes des vallées, troupes déjà bien affaiblies par de nombreux malades que l'on ne pouvait évacuer, faute de place dans les hôpitaux ; dans les montagnes, un retard de la chute des neiges obligeait à prendre des précautions contre l'ennemi. On n'avait pu élever ni retranchements, ni redoutes dans la Maurienne et la Tarentaise. Ces deux vallées étaient occupées (1) par deux bataillons d'infanterie légère, les deux bataillons du 23e régiment d'infanterie, quatre bataillons de volontaires commandés par un officier général heureusement familiarisé avec le pays, le maréchal de camp De la Roque. En plus, la Légion Allobroge occupait la haute Maurienne.

Instruire, discipliner, donner de la cohésion aux troupes, établir des magasins, assurer les subsistances, compléter l'armement, réparer les chemins en mauvais état, ouvrir des voies de communication, élever des ouvrages, tout cela avec peu de ressources, telle était la tâche que Kellermann mena à bien (2), sans négliger la préparation

(1) M. vol, pièce justif. n° 21 : Cantonnements de l'armée des Alpes, le 15 déc. 1792.

(2) « L'hiver de 1792 à 1793 fut excessivement long et rigoureux ; aussi les deux armées sentaient la nécessité qui s'imposait de s'établir de l'un ou de

des opérations militaires. La lecture de son *Mémoire historique* est assurément des plus attachantes (1).

Les populations ne se montraient pas toujours bien disposées (2) ; le commandement était rendu difficile par la pénurie des officiers généraux, constamment déplacés par suite de dénonciations continuelles. Kellermann lui-même dut se rendre à Paris pour se justifier. Il revint à la fin de mai prendre son commandement.

Au 1er mai, le général Laroque commandait en Maurienne, et le général Dubourg en Tarentaise. La brigade de Tarentaise

l'autre côté des Alpes. C'était une vraie souffrance que de garder ces passages dans cette saison ; des deux côtés, l'on se sentait entraîné à chercher des quartiers d'hiver plus cléments.

« Il n'était pas rare sur les Alpes d'avoir 20 à 25 degrés de froid, et les troupes entassées dans des baraques en bois et des bâtiments beaucoup plus restreints que ceux que nous voyons aujourd'hui, étaient obligées de coucher sur des espèces d'étagères superposées comme les rayons d'un magasin. Le froid était tel que l'on osait à peine donner de l'air; aussi ces abris étaient-ils des foyers de maladies. » *Un régiment provincial de Savoie en 1792*, par M. le Mis Tredicini de Saint-Séverin. Ce bel ouvrage, dicté par une pensée filiale, n'a pas été mis en vente ; mais son auteur a bien voulu m'autoriser à y puiser sans réserve ; qu'il me soit permis de le remercier ici.

(1) Voir ce *Mémoire* dans l'ouvrage de M. Duval, page 19.

(2) *Un régiment provincial*, pièce just. n° 33.

comptait 3,400 hommes d'effectif nominal, et Badelaune y était adjudant-général. Les deux brigades, Maurienne et Tarentaise, formaient la division d'avant-garde, général Dumuy (1). De nouveaux changements allaient avoir lieu dans le commandement. Badelaune sollicitait sa nomination de Chef de brigade, grade auquel lui donnait quelque droit son ancienneté de services, eu égard à la pénurie d'officiers généraux et d'état-major. Il avait pour lui l'appui des commissaires que la Convention avait chargés de l'organisation du département du Mont-Blanc (2), et les chaudes recommandations du Commissaire ordonnateur en chef de l'armée, Alexandre, l'ancien agent de change.

Celui-ci avait écrit la note suivante dont la date, non indiquée, doit être portée aux mois d'avril ou de mai 1792 (3) :

« Je recommande au Ministre le citoyen *Basdelaulne* comme un des hommes les plus estimables de ceux qui sont annotés à l'Armée des Alpes. Il serait revêtu du grade qu'il demande et qui lui est dû, sans les injustes préventions du général Kellermann,

(1) *Campagnes dans les Alpes*, pièce just. n° 51.

(2) Notamment l'appui de Ph. Simond et de Hérault de Séchelles.

(3) Archives administratives de la Guerre.

et les préférences qu'il a fait donner à d'autres qui ne les méritaient pas. Le C[en] Basdelaulne est à la tête des défilés de la Maurienne pour repousser les premiers efforts de l'ennemi, et si le passé peut en quelque sorte répondre de l'avenir, on peut assurer qu'il soutiendra dignement l'honneur du nom français. Les Commissaires de la Convention à Chambéry ont envoyé en sa faveur au ministre *Beurnonville* un mémoire que celui-ci a sans doute écarté, parce que les bons sujets n'étaient jamais ceux qu'il aimait à choisir et à avancer.

« *Nicolas-Denis* DEBAS DELAULNE, né à Paris en mars 1756, a étudié à Paris au collège d'Harcourt. A pris la marine après ses études. A fait la guerre de 1778 en qualité de capitaine de frégate au service de Hollande. Rentré dans sa patrie après la guerre. A porté les armes depuis le commencement de la Révolution dans le bataillon de Saint-Marcel au faubourg Saint-Marceau. Lieutenant de la compagnie des canonniers qu'il a formée aux manœuvres en avril 1791. Lieutenant au 102e Rég[t] en 1792. A quitté ce régiment quelques mois après, à cause de l'incivisme du chef.

« Adjudant-général de la 1ere Légion de Paris, 11 août 1792.

« Adjudant-général, lieutenant-colonel. Envoyé à l'armée des Alpes en octobre suivant. Demande à être fait général de Brigade.

« *Le Commissaire général de l'armée des Alpes,*

« ALEXANDRE »

Le ministre de la guerre était Bouchotte qui avait remplacé, le 4 avril, Beurnonville tombé du ministère le 30 mars. Il y a, dans cette pièce, quelques inexactitudes légères; la plus grave a trait au grade : Badelaune ne pouvait demander à être général de brigade avant d'être chef de brigade (1). Mais l'erreur peut s'expliquer, de la part d'Alexandre, par la récente introduction des nouvelles dénominations dans l'armée.

Se trouvant à Paris au commencement de juin, Alexandre renouvelle sa recommandation par la note suivante (2) :

« Le C^en^ Alexandre, Commissaire général de l'Armée des Alpes, a remis au citoyen Audoin trois mémoires concernant les demandes en avancement : l'un pour La Jolain, aide de camp du général Kellermann, l'autre pour Boyer, adjoint à l'Etat-major, le dernier pour Basdelaune, chef de bataillon, adjudant-général.

« Quelqu'intérêt qu'il prenne aux deux premiers, il en prend un bien plus grand à Basdelaune qui est son ami particulier ; mais, indépendamment de ce titre, qui ne peut pas en être un aux yeux du Ministre, Basdelaune mérite à tous égards d'obtenir la demande qu'il fait d'être nommé Chef de Brigade. On peut consulter sur ses talents et sur ses qualités les députés Simond et

(1) Archives administratives de la guerre.

(2) Archives administratives de la guerre.

Hérault, nommés Commissaires pour organiser le Mont-Blanc. Ce mémoire aurait obtenu tout le succès possible, sans les changements survenus dans le ministère et dans les bureaux.

« Paris, le 6 juin 1793, l'an II *(sic)* de la République Française.

« ALEXANDRE. »

Ces recommandations n'eurent aucun effet au ministère ; mais il arriva cette coïncidence curieuse que le 4 juin, c'est-à-dire deux jours avant qu'Alexandre écrivît de Paris sa seconde lettre, Badelaune fut nommé Chef de brigade par les représentants du peuple à l'armée des Alpes, Dubois-Crancé et Gauthier.

Le 25 juillet suivant, ces mêmes représentants le nommaient général de brigade à titre provisoire. Cette nomination fut confirmée le 11 octobre 1793 par le Conseil exécutif qui avait remplacé le ministre de la guerre :

« Du 20e jour du 1er mois de l'an 2e

« LIBERTÉ — ÉGALITÉ

« Conformément à la note cy-jointe, l'intention du Conseil exécutif est d'élever au grade de Général de Brigade le citoyen Basdelaune, adjudant-général, chef de bataillon.

« *Approuvé.* »

« Secrétariat. 5e Division »

« 10e jour de la 2e décade du 1er mois
« de l'an 2e de la République une et indivisible.

« Liberté. — Egalité.

« Indivisibilité de la République.

« Secrétaire-général du Département de la Guerre. Ordres du Ministre. Expédiez une lettre de service de Général de Brigade à l'armée des Alpes à Badelaune, adjudant-général.

« Vincent. »

Il résulte des termes de ces pièces (1) que le Conseil exécutif ignorait que Badelaune eût été nommé Chef de Brigade; et s'il approuvait la promotion d'un chef de bataillon au généralat, c'est qu'il était très favorablement prévenu à l'égard de Badelaune par les rapports qui lui avaient été faits de sa belle conduite devant l'ennemi tant par Kellermann que par Simond.

En même temps que Badelaune, l'adjudant-général Ledoyen était nommé général de brigade en Maurienne, et Carteaux, également adjudant-général, était placé à la tête de la petite colonne dirigée sur Avignon contre les Marseillais. La raison de ces nominations, de ces avancements si

(1) Archives administratives de la Guerre.

rapides est celle-ci : on avait simultanément à faire face à l'ennemi et à réprimer dans l'intérieur l'insurrection girondine du côté de Lyon, de Marseille et de Toulon, et dès le mois de mars, on n'avait pas assez d'officiers généraux rien que pour assurer le commandement des troupes à la frontière. Il fallait donc faire avancer les officiers après quelques mois de grade.

II

De tout l'hiver, il n'y avait eu d'autres mouvements à la frontière, au Mont-Cenis comme au Petit Saint-Bernard, que quelques escarmouches entre les avant-postes ; mais vers la fin de juillet, tandis que l'insurrection de Lyon nécessitait une armée de siège, que le Midi était en ébullition, les troupes austro-sardes se disposaient à envahir la Savoie par la Maurienne, la Tarentaise et le Faucigny, dans l'intention d'arriver jusqu'à Lyon :

« La vallée de Maurienne, au pied du Mont-Cenis, écrit Kellermann (1), n'était défendue, à l'époque de l'entrée des Piémontais, que par sept bataillons.

« Dans la vallée de Tarentaise, au pied du Petit Saint-Bernard, nous n'avions que six bataillons.

« Deux bataillons et deux compagnies de chasseurs Rochelais composaient les

(1) *Précis raisonné de la Campagne de 1793*, par Kellermann : publié par M. Duval, p. 13 et par M. Krebs, pièce justificative n° 66.

forces du Faussigny, où l'ennemi avait pénétré par le bas Valais et la vallée de Chamouny.

« Dans le nombre des bataillons que nous venons de compter sur toute cette ligne de défense, il y en avait quatre formés par la réunion des compagnies de grenadiers; ce qui diminuait l'effectif des bataillons, et ceux-ci étaient, de plus, à cette époque, affaiblis par les maladies.

« L'ennemi avait pénétré avec plus de 20,000 hommes dans le département du Mont-Blanc, et, en s'avançant, il armait de gré ou de force les habitants de ce pays, dans lequel d'ailleurs il avait des intelligences.... »

Les Républicains lui opposaient au plus 4,500 hommes en Maurienne, général Ledoyen ; 4,000 hommes en Tarentaise sous les ordres de Badelaune ; 1,500 hommes en Faucigny ; et cet effectif dut être encore réduit par l'envoi de renforts devant Lyon. On trouvera dans quelques ouvrages (1) le récit détaillé des opérations militaires de la campagne de 1793 ; ce récit ne saurait être reproduit ici, où l'on a voulu seulement réunir ce qui est relatif au général Badelaune. Les documents officiels concernant sa campagne en Tarentaise ont été publiés par M. C. Duval ; en voici la série.

(1) Krebs et Moris, Tredicini, Duval.

DU 24 JUILLET 1793

—

« *Instruction pour le général de division* (1) *commandant les troupes des deux vallées de Tarentaise et Maurienne.*

« La défense des frontières du département du Mont-Blanc, depuis le Petit-Saint-Bernard jusqu'au débouché des vallées d'Exilles et de Bardonnèche, est principalement concentrée dans les vallées de Tarentaise et de Maurienne, seuls débouchés pour pénétrer de Piémont, en corps d'armée, dans ce département, par le Petit-Saint-Bernard et le Mont-Cenis. Les moyens défensifs préparés à la tête des deux grandes vallées doivent rendre celles-ci impénétrables à l'ennemi, tant par la force même des positions susceptibles d'une longue résistance que par leur nombre dans la longueur de ces vallées ; du moins on peut obliger l'ennemi à y consumer toute la campagne inutilement, malgré ses progrès, puisqu'il serait obligé de repasser les monts bien avant l'hiver, n'ayant aucune place pour s'y soutenir.

« Il est vrai que les circonstances où se

(1) Requis par les représentants du peuple de les suivre à Lyon pour surveiller les opérations du siège, Kellermann qui jugeait que sa place était à la frontière, dut céder ; mais il laissait aux généraux les ordres et les instructions nécessaires pour toutes les mesures de sûreté et de défense sur toute la ligne. Cette instruction était destinée au général Dubourg, dont le quartier-général était installé à l'Hôpital-sous-Conflans (aujourd'hui Albertville).

trouve l'armée des Alpes, conformément au décret qui ordonne d'en retirer des forces suffisantes pour marcher contre la ville de Lyon, ne permettront pas, peut-être, de défendre le département du Mont-Blanc dans tous les détails précédemment projetés: aussi, les instructions suivantes, adressées tant au général de brigade commandant en Tarentaise qu'à celui qui commande en Maurienne, sont calculées d'après ces circonstances, et le général de division, qui commande toutes les troupes réparties dans le département du Mont-Blanc, en ordonnera la plus stricte exécution aux officiers généraux qui lui sont subordonnés. Cependant, le général de l'armée se repose sur son dévouement à la République, sur son expérience et ses talents militaires, pour se conduire, dans les détails, suivant le plan d'attaque de l'ennemi, mais en se conformant toujours aux principes généraux de défensive, de résistance et de jonction, prescrits dans l'une et l'autre instruction. »

« *Instruction pour le général de brigade commandant les troupes de la Tarentaise.*

« L'officier général chargé de défendre la frontière du Petit-Saint-Bernard et la vallée de la Tarentaise doit faire garder avec soin les deux masses des montagnes latérales, dont celle de droite sépare, jusqu'à leur confluent, les eaux de l'Arc de celles qui coulent en Tarentaise, et dont celle de gauche, partant de la grande chaîne des Alpes, comme contrefort du Petit-Saint-

Bernard, se termine au confluent de l'Arly et de l'Isère. Si l'ennemi pouvait conduire, par l'une et l'autre de ces directions, un corps d'infanterie de deux mille hommes et tourner ainsi la tête de la vallée de la Tarentaise, il rendrait inutiles toutes les dispositions défensives qui y sont préparées et ouvrirait la route au corps d'armée ennemi et à son artillerie, qui ne pourraient pénétrer que par cette route.

« L'officier général doit, en conséquence, tenir des postes en échelons, par sa gauche, depuis l'Oratoire du Glacier jusqu'à Saint-Maxime-de-Beaufort, et, par sa droite, depuis la carrière de Pesey (faisant observer le col du Palet, qu'il fera rompre) jusqu'à Bozel et Saint-Bon. Tous ces postes doivent être retranchés, et les troupes ne se déshabilleront jamais, pour ne pas être surprises. On les relèvera aussi souvent que l'exigera le soin de leur santé, ou le bien du service.

« Ces deux chaînes de postes garderont ainsi tous les débouchés praticables qui peuvent conduire, soit à pied, soit à cheval, au-dessus ou au-dessous de Moûtiers. On établira des guides pour les avis que ces postes, qui seront toujours en découverte, auront à donner à l'officier général et pour les ordres que celui-ci voudra leur envoyer. *Les gardes des douanes seront employés à ce service, pour lequel ils seront particulièrement payés.* L'officier général chargé de défendre la Maurienne fera garder Pralognan au-dessus du Bourget, Modane et Beaune, au-dessus de Saint-Michel, pour communiquer avec la Tarentaise soit pour les avis, soit pour les secours réciproques ; ces deux passages conduisent de Moûtiers, le premier par la vallée de Bozel, le deuxième par le col des Encombres.

« Si l'ennemi attaque la vallée de Tarentaise, les moyens défensifs préparés à sa tête l'obligeraient à de grands efforts et doivent l'arrêter longtemps. S'il parvient à y pénétrer, la supériorité des forces qu'il emploiera à cette entreprise, comparée au peu de troupes que les circonstances de ce moment permettent de laisser en Tarentaise, décidera si l'officier général qui y commande occupera toutes les positions rétrogrades où l'on a établi une défensive. Il fermera du moins le défilé du Ciex, en avant de Moûtiers, où peu d'hommes et trois pièces de canon doivent arrêter un corps considérable, et, en arrière de Moûtiers, il occupera également le poste de la Chapelle-d'Aigueblanche, dont le plateau offre encore plus de développement et d'effet à l'artillerie. Il n'emploiera dans ces deux points que du canon de 4, faisant toujours retirer la grosse artillerie. Le nombre de chevaux qu'on est obligé de lui ôter en ce moment pour l'expédition ordonnée sur Lyon ne doit pas nuire beaucoup à la retraite de son artillerie, parce que les attelages ont été portés au maximum, et qu'une partie des munitions devant être consommée dans chaque position défensive, les caissons et autres voitures pourraient, dans ce cas, être traînés avec la moitié de l'attelage ordinaire. Enfin, tous les services de l'armée doivent se prêter secours dans un tel moment et être aidés encore par les mulets et les bœufs du pays, employant ces derniers à l'évacuation de ce qui n'est pas journellement nécessaire, détruisant ou brûlant les effets et subsistances qu'on ne pourra emporter, plutôt que de les laisser au pouvoir de l'ennemi.

« L'officier général qui commande en Tarentaise fera rétrograder les troupes qui couvrent ses flancs à mesure qu'il sera lui-même obligé d'abandonner du terrain. Il communiquera très fréquemment avec celui qui commande en Maurienne, tant pour en avoir des secours, si celui-ci n'est pas attaqué, que pour concerter leur retraite, s'ils le sont tous deux. Il pourra faire tête quelque temps en arrière de l'Arly, tandis que l'officier général de la Maurienne disputera le défilé de Charbonnière. Mais, après ce dernier effort, leur jonction se fera à Montmélian, d'où ils iront camper sous le canon du fort Barraux, pour couvrir Grenoble et l'une des routes de Lyon. Là, ils recevront des instructions ultérieures.

« Fait au quartier général à Grenoble, le 27 juillet 1793, l'an II de la République française.

« *Le général d'armée des Alpes et d'Italie*,

« Signé : KELLERMANN. »

Du 20 Aout 1793

« *Le général de brigade* Badelaune, *commandant les troupes de la Tarentaise, au général* Kellermann, *commandant les armées des Alpes et d'Italie.*

« Mon général,

« Le 16 août, à six heures du matin, l'ennemi, au nombre de deux mille, s'est porté à Bonneval, pour enlever le poste de Versoye ; un brouillard épais a favorisé sa descente jusqu'au pont d'où la compagnie de chasseurs du 1er de l'Isère a eu peine à se retirer, ayant été presque surprise. J'ai sur-le-champ envoyé deux compagnies de grenadiers du 4e bataillon, qui n'ont pu arriver assez tôt pour empêcher l'ennemi de passer le pont, mais qui l'ont arrêté sur la route du Châtelard. L'ennemi se portant toujours en force au-delà du pont, j'ai fait soutenir nos grenadiers successivement par un détachement de cent hommes et de trente du camp, avec un renfort de cartouches.

« Une autre colonne ennemie de 1,500 hommes a poussé au-dessus de Versoye et s'est jointe à un détachement venant du col de l'Allée-Blanche, pour attaquer mes postes du Glacier et du Chapieu, que je ne pouvais secourir, étant intercepté. Ils se sont repliés sur Beaufort, où ils ont résisté. Ma droite a été attaquée par environ 1,000 hommes, venant tant du Mont-Cenis par Tigne que de la Crozette, qui se sont portés sur Villaroger, gardé par deux cents chasseurs. Après un très long combat, pendant lequel j'ai envoyé un renfort de cinquante hommes et des cartouches, ma garnison de Villaroger a fait sa retraite sur la crête de la montagne de Montrigon pour défendre toute surprise contre ma batterie de droite ; voyant que l'ennemi ne voulait pas m'attaquer en face, qu'il cherchait seulement à me tourner de tous côtés, j'ai fait dégarnir mes deux redoutes, qui ne me servaient à rien et auxquelles on paraissait en vouloir, et j'ai fait passer mes canons de position en arrière du camp. Sur l'après-dîner, voyant de forts détachements descendre du Petit-Saint-Bernard, et se former dans la plaine de Séez, j'ai fait couper le pont de communication.

« A 6 heures du soir, quelques pelotons voulant s'approcher du pont abattu ont reçu une douzaine de coups de canon, qui leur ont tué quatre hommes et dispersé le reste comme une fourmilière. Je vis, à l'arrivée de la nuit, que l'ennemi gagnait en nombre considérable les hauteurs sur mes flancs et que son projet était d'aller plus loin, puisqu'il était suivi de mulets chargés. J'ai fait passer le bataillon de grenadiers au camp sous le Bourg. Nous avons été sous les armes toute la nuit, et, pendant ce temps, manquant de chevaux, j'ai fait partir pour Villette la moitié de ma grosse artillerie. Le retour de mes chevaux sur les quatre heures du matin m'a donné la faculté de faire passer le reste de mon artillerie et des équipages.

« A 5 heures du matin, ayant reçu l'avis que le poste du Chapieu se repliait en bon ordre, et me voyant environné d'ennemis qui gagnaient toujours sur mes derrières, n'ayant qu'un bataillon de grenadiers, un de chasseurs, et trois autres, dont il manquait les grenadiers et les chasseurs, contre un ennemi fort d'environ 7,000 hommes, j'ai fait rentrer mes différents détachements et je me suis replié sur Villette, ayant presque toujours l'ennemi sur les flancs. J'ai eu deux hommes tués et quelques blessés. L'ennemi a été très maltraité. Sans un guide du pays, qui m'a conduit une patrouille de vingt-cinq hommes dans une embuscade préméditée, l'ennemi ne m'aurait pas pris un seul homme. Tous les montagnards de ce pays, qui regrettent leur ancien esclavage, conduisent des bataillons piémontais par des chemins et sur des montagnes inaccessibles. Ils ont toujours des mulets chargés après eux. Nous les dépostons, sitôt que nous leurs montrons la baïonnette; mais nous craignons à chaque instant l'enlèvement de nos vivres et de nos petits postes.

« Le 18, le général divisionnaire Dubourg m'écrivit de Conflans une lettre que je reçus à deux heures de la nuit, qui me marquait de faire promptement ma retraite, parce qu'il devait être attaqué et qu'il n'avait aucune force pour défendre un poste qui me couperait entièrement mon armée, s'il était emporté. Le 19 au matin, j'ai abandonné le détroit du Ciex et Moûtiers, après avoir fait partir toute l'artillerie et les bagages.

« Mais ayant reçu à moitié chemin avis qu'il n'y avait plus d'inquiétude et que l'ennemi ne paraissait plus, j'ai tout de suite arrêté ma marche ; j'ai fait reprendre possession de Moûtiers. Mais les grenadiers, en allant reprendre le détroit du Ciex qu'ils occupaient le matin, furent avertis par les éclaireurs que les ennemis s'en étaient emparés. Il y eut alors une affaire assez sérieuse entre le bataillon des grenadiers, les chasseurs du 8e bataillon d'infanterie légère et l'ennemi, que la nuit fit cesser. Nous eûmes quatre grenadiers tués et vingt-cinq blessés, ainsi que quelques chasseurs. L'ennemi a été des plus maltraités; nous savons sûrement qu'il a eu trois cents hommes hors de combat, dont les deux tiers de tués. Le 4e bataillon de grenadiers, commandé par Chambarlhac, s'est comporté en héros, ainsi que les chasseurs qui ont donné. Ils nous ont rapporté quantité de fusils et gibernes et sabres. Nous sommes sous Conflans où nous espérons disputer le terrain pied à pied et remonter, s'il nous vient du renfort. Nous n'avons jamais rien laissé en arrière.

« Signé : BADELAUNE. »

Badelaune ne parle pas explicitement, dans son rapport, d'un combat dit de la Saulcette qu'on verra mentionné dans le document piémontais qui sera cité plus loin ; voici en quoi consista cette affaire (1):

« ... Badelaune charge le commandant Chambarlhac de réoccuper le défilé du Ciex avec le 4e bataillon de grenadiers, le 8e d'infanterie légère et deux canons. A deux kilomètres en amont de Moûtiers cette

(1) *Campagnes dans les Alpes*, p. 270.

troupe rencontre l'avant garde du général de la Tour, forte de 700 hommes choisis, qui avait marché toute la nuit, et attaque aussitôt. La compagnie irrégulière des chasseurs de chamois est dirigée sur Hautecour-la-Basse, les grenadiers de Maurienne (2) sur la grande Saulcette, ceux de la Marine et les chasseurs de Piémont sur la route, où la droite française s'appuie aux deux pièces mises en batterie. La colonne du centre est arrêtée par la mort de son chef, capitaine Cordon ; par contre, celle de gauche, conduite par le général lui-même, force les grenadiers républicains à se replier sur le couvent des Cordeliers, de Moûtiers, mis en état de défense. Pendant ce temps, le duc de Montferrat, en marche sur Villette, porte un bataillon vers Hautecour, par Montgirod, avec ordre d'envoyer des partis dans la direction de Villargerel, pour chercher à gagner la ligne de retraite du général Badelaune. Informé de ce mouvement, ce dernier se replie sur Conflans dans la nuit, laissant aux Cordeliers 400 hommes qui sont culbutés, le 20 août de grand matin, et perdent une de leurs deux pièces. Le 22 seulement, le duc de Montferrat entre à Moûtiers et pousse les grenadiers royaux en avant-garde à la Roche-Cevins. »

(2) M. Tredicini de Saint-Séverin fait observer que le régiment de Maurienne n'avait aucun détachement faisant partie du corps d'armée de Tarentaise; de plus, le capitaine de Cordon (la Balme) fut blessé à Argentine en Maurienne, et non tué à la Saulcette.

III

La retraite du corps de Tarentaise avait accéléré celle du corps de Maurienne (1) ; et le général Dubourg, qui avait ordonné l'une et l'autre, fut suspendu par le représentant Simond (2). Dès qu'il apprit l'invasion de la Savoie, Kellermann obtint de quitter le siège de Lyon pour trois jours,

(1) On peut citer comme un souvenir digne de mémoire la retraite que fit, en 1793, le gé éral Ledoyen. Refoulé du pied du Mont-Cenis par des forces supérieures, mais utilisant tous les obstacles qu'offrait le terrain, il ne mit pas moins de quatorze jours à parcourir la vallée jusqu'aux défilés d'Argentine et d'Aiguebelle, où il réussit à se maintenir en attendant des secours. (Voir le *Régiment provincial*, p. 20). — *Mémoire historique* de Kellermann.

(2) « J'ai suspendu aussi le général Dubourg, qui a ordonné la retraite des troupes de Tarentaise et de Maurienne. S'il vous adresse des réclamations, en m'en prévenant, je vous prouverai qu'il faut être Lyonnais ou profondément étranger au bon sens pour s'être replié comme il l'a fait. » Lettre de Simond au Comité de Salut public, dans le livre de M. Duval, p. 92.

et de se rendre dans le Mont-Blanc. Son premier soin fut de faire partir, du camp de Tournoux, deux bataillons de renfort qui vinrent à Valloire. Puis il se rendit à Chambéry, avec le représentant Gauthier:

« Notre arrivée releva le courage des bons citoyens (1). Après nous être concertés avec les administrations réunies, je me rendis le même jour à la division de Tarentaise, campée à l'Hôpital-sous-Conflans. La malveillance y entretenait l'inquiétude: quoique l'ennemi y eût des forces considérables, elle les exagérait encore. Cette division avait renvoyé une partie de son artillerie de position avec les gros bagages. Il est vrai qu'il n'y restait plus que la moitié des chevaux nécessaires pour la traîner ; le reste était devant Lyon.

« Je rassemblai nos braves soldats républicains pour leur représenter que le salut de la République dépendait en ce moment de leur courage ; qu'il fallait tenir ferme dans ce poste, et, plutôt que de l'abandonner, le rendre glorieux par la victoire ou la mort. Les braves défenseurs prononcèrent le serment, qu'ils tinrent, de se défendre jusqu'à la dernière extrémité. Dès ce moment, tout changea de face ; les troupes prirent l'attitude la plus imposante; et, malgré la supériorité des deux tiers de l'ennemi, il n'osa plus entamer cette partie ; je fis revenir l'artillerie et les équipages.

(1) *Mémoire historique*, par Kellermann.

« Le général de brigade Badelaune commandait cette division ; je lui ordonnai les positions qu'il aurait à prendre en arrière si, après avoir épuisé tous ses efforts, il se voyait forcé à la retraite. Rassuré sur ce point, je me rendis en Maurienne... »

Les ordres de Kellermann sont contenus dans la pièce suivante (1) :

« Du 21 Aout 1793

« *Supplément à l'instruction déjà donnée au général* Dubourg *et au général* Badelaune, *relativement à la défense de la Tarentaise.*

« Le général Kellermann ayant rassemblé le général Badelaune, le citoyen Lecomte, chef de bataillon du génie ; le citoyen Chambarlhac, chef du 4e bataillon de grenadiers ; le citoyen Méric, commandant le 8e bataillon d'infanterie légère, et le citoyen Boyer, adjudant-général, il a été décidé de défendre l'Arly, en tenant une position en arrière, à un quart de lieue, par le chemin qui conduit à Montmélian, tenant les hauteurs de gauche par le 8e bataillon d'infanterie légère. Dans cette disposition, bien reconnue par le général Badelaune et préparée par lui, le passage de la rivière sera défendu par les postes avancés. L'ennemi forçant le passage, on s'avancerait dessus avant qu'il fût formé ; le 8e bataillon

(1) Duval, page 161.

d'infanterie légère ne quitterait pas sa position, afin de tenir toujours le flanc de la ligne et celui de droite de l'ennemi.

« Dans la supposition que, malgré les efforts des troupes de la République, l'ennemi les forçât dans cette position, les troupes se retireraient dans le plus grand ordre, sur deux lignes, le bataillon du 8e d'infanterie légère couvrant toujours la gauche, en prolongeant les hauteurs. L'armée marchera dans le plus grand ordre et le plus grand silence, les pièces de position prendront les devants, pour être placées sur le plateau de Montailleur, où l'armée se formera en bataille et attendra l'ennemi. Dans cette seconde position, on enverrait un fort détachement par le col du Frêne pour tenir les Beauges; des détachements tenant le col de Tamié, Ugines, tiendront ferme, et, s'ils étaient forcés, ils avertiront le camp de Montailleur, et se replieraient sur Faverges, ainsi que le poste d'Ugines, et se porteraient à Annecy.

« Dans la supposition que ce mouvement détermine l'armée placée à Montailleur de se retirer sur Montmélian, dans la crainte d'être tournée par les Beauges et par Chambéry, mais, cette troisième position éprouvant infiniment de difficultés, pouvant être coupée sur Barraux, l'armée se replierait dans la position reconnue en avant de cette place et y resterait jusqu'à nouvel ordre ; mais il en sera détaché deux bataillons partant de Montmélian pour soutenir Chambéry ; et, si les troupes de la gauche placées à Tamié et à Ugines, arrivées à Annecy, étaient forcées à la retraite, elles se replieraient, par Alby et Aix, à Chambéry, dans le cas qu'elles puissent s'y rendre, avant d'être coupées de cette place ; et, si ce mouvement éprouvait des difficultés, elles se replieraient sur Rumilly, et de Rumilly à Seyssel, où elles resteraient jusqu'à nouvel ordre.

« Le mouvement de la Maurienne sera communiqué au général commandant la Tarentaise, afin que la retraite respective soit combinée de façon à arriver en même temps, soit sur Montmélian ou Barraux.

« Quant à l'extrémité de gauche, qui comprend le Faucigny et le Chablais, c'est au général commandant la Tarentaise à envoyer ses ordres relativement au mouvement qu'il serait obligé de faire.

« Signé : KELLERMANN. »

Sur ces entrefaites, Badelaune reçut, le 25 août, l'ordre d'aller remplacer au siège de Lyon le général de division Dumuy ; un tel changement ne pouvait être fait dans des circonstances plus défavorables à l'armée ; il n'eut pas lieu, un contre ordre étant survenu le 27.

Le 31 août, les représentants Simond et Dumaz arrivaient à Lyon, venant de Paris. Ils étaient chargés d'une mission dans le Mont-Blanc, l'Isère et les Hautes-Alpes. Ils emmenèrent avec eux le général en chef. Les Austro-Sardes avaient, à ce moment, leur droite à Sallanches et à Cluses, dans le Faucigny ; leur centre à Beaufort et Moûtiers ; leur gauche dans la vallée de Maurienne.

Le 1er septembre, Kellermann renforce le Faucigny du 2e bataillon de la Gironde ; la Tarentaise, du 1er grenadiers et du 1er Basses-Alpes ; la Maurienne, du 2e bataillon du 10e régiment. Les gardes nationales des districts de Chambéry, Annecy, Carouge, Thonon, Gex, sont requises de marcher en seconde ligne « ce qu'elles firent avec beaucoup de dévouement et de courage ». Quand tous les renforts eurent rejoint, au milieu de septembre, l'ennemi n'ayant point encore fait de tentatives sérieuses, Kellermann décide de prendre partout l'offensive (1). Un conseil de guerre est réuni le 20 septembre à Grésy :

« Les généraux de brigade Ledoyen, commandant en Maurienne, et Badelaune, commandant en Tarentaise, ayant donné

(1) « ... Si un individu, de quelque grade qu'il soit, prononce les mots : *Nous sommes trahis, sauve qui peut*, ou autres semblables qui jettent le désordre parmi les combattants, le général de l'armée ordonne qu'il soit fusillé sur le champ, conformément à la loi. Ceux qui crieront : *Nous sommes tournés*, seront arrêtés et désarmés, pour être ensuite jugés comme il appartiendra... Le général de l'armée rappelle aux troupes et à leurs chefs que la victoire reste aux plus habiles et surtout aux plus opiniâtres. » (Ordre de Kellermann, voir Duval, p. 57.)

les renseignements qu'ils se sont procurés, tant par des reconnaissances que par les rapports des patrouilles, des déserteurs et des espions, sur les forces de l'ennemi, les postes qu'ils occupent, les retranchements qu'ils y ont faits, le général de l'armée a mis successivement à la discussion les questions suivantes :

« 1° Pour chasser les Piémontais du territoire de la République, est-il plus avantageux de commencer par la vallée de la Tarentaise ou par celle de la Maurienne? — Onze voix contre deux pour attaquer d'abord la Tarentaise, etc. »

Le général en chef se place à la tête des troupes de Tarentaise ; il aura contre lui le duc de Montferrat. Il modifie ses premières instructions et prescrit :

« Le général Badelaune aura l'ordre de faire de grands mouvements de troupes et d'artillerie dans la journée du 21, pour faire penser qu'il veut attaquer le 22. Il fera rapprocher le bataillon campé à Grésy et, en effet, il marchera le 22, sur deux colonnes, l'une par Venthon et les hauteurs qui dominent la droite de la vallée, l'autre par la grande route, mais sans se compromettre et sachant bien que sa manœuvre ne doit qu'obliger l'ennemi à bien garder la Tarentaise, pendant que les troupes de la Maurienne attaqueront avec vigueur l'ennemi au col de la Madeleine... »

Les mouvements prescrits ont lieu les 28, 29, 30 septembre en Tarentaise.

Du 4 Octobre 1793

« *Extrait du rapport de* Kellermann, *fait au quartier-général du Bourg-Saint-Maurice.*

« Les premières marches que l'exécution de ces ordres nécessitait, et dont les habitants du pays avertirent les Piémontais, donnèrent à ceux-ci des inquiétudes. Ils replièrent leur avant-garde campée à la Roche-Cevins jusqu'à la position de Grand-Cœur et d'Aiguebianche. Les troupes de la République les suivirent et prirent poste devant elle au pont de Briançon. Les mouvements qui avaient été ordonnés ont été exécutés avec autant d'ensemble qu'on peut en demander et en attendre dans un tel pays, et l'on peut dire que tous ont contribué au succès général.

« ... L'une des deux colonnes de nos troupes de Tarentaise, arrivée la première sur Beaufort, où elle s'était dirigée par un chemin plus facile, se voyant découverte par l'ennemi, fut obligée d'attaquer seule. Elle le fit avec vigueur et lui causa une perte assez forte. L'autre colonne commandée par le chef de bataillon Chambarlhac, ayant trouvé un détachement de l'ennemi sur la montagne d'Arêches, l'attaqua la nuit ensuite, et ne put arriver qu'après l'expédition de Beaufort, où elle acheva ce que les troupes commandées par Saint-André avaient si bien commencé ; il se jeta sur les ennemis malgré leur feu, les chargea à la baïonnette, en tua et blessa un grand nombre, fit quatorze prisonniers et s'empara de plusieurs fusils.

« Après ces premiers avantages, nos troupes des deux divisions de Maurienne et de Tarentaise exécutèrent les ordres suivants : le corps de bataille de la Tarentaise, avancé jusqu'au pont de Briançon, gagna les hauteurs de Naves par la gauche, celles de Bonneval par la droite, et présenta, deux jours de suite, quelques têtes de colonne devant la position de l'ennemi à Grand-Cœur et à Aigueblanche. Celui-ci plaça quelques pièces en batterie, canonna sans nous faire de mal et sans qu'on daignât lui répondre. Mais, le même jour, le général Kellermann fit tirer quelques coups d'une pièce de 12, qui tua plusieurs hommes à l'ennemi ; il n'avait voulu que reconnaître la position et la force des Piémontais, en les engageant ainsi à quelque développement de leurs moyens, et qu'attirer par là leur attention sur la vallée, pour favoriser les opérations suivantes de notre droite et de notre gauche.

« Les troupes qui s'étaient emparées du col de la Madeleine, eurent l'ordre d'en descendre sur les hauteurs escarpées de la gauche de l'Isère, au-dessus d'Aiguebelle, et en face du plateau de la Chapelle qui se trouve sur la ligne droite, où l'ennemi avait une partie de son corps de troupe, appuyée par une réserve placée à Moûtiers. Elle devait y arriver le 2, au matin, qu'ils se trouvèrent ainsi sur la gauche de l'ennemi. Le général de brigade Ledoyen, qui marchait à leur tête, avait, en même temps, fait passer un détachement commandé par le chef de bataillon Lamaille, du 10e régiment, à Saint-Jean-de-Belleville, pour couper à l'ennemi la communication entre la Tarentaise et la Maurienne par le col des Encombres et aussi pour se porter au besoin sur les derrières de Moûtiers.

« Les grenadiers et chasseurs, commandés par le chef de bataillon Chambarlhac, eurent l'ordre de partir le 30 septembre de Beaufort et de marcher sur le corps ennemi campé sur la montagne du Cormet, point où se réunissent les routes qui descendent à divers points de la Tarentaise ; ils devaient se porter ensuite par leur droite sur les hauteurs de Moûtiers. Cinq cents soldats républicains chargèrent à la baïonnette et forcèrent dans ce poste important mille hommes retranchés avec du canon, tuèrent et blessèrent beaucoup d'officiers et soldats, particulièrement du régiment de la Marine. Dans cette belle action, l'avant-garde, composée d'une compagnie du 8e bataillon d'infanterie légère, de celle des chasseurs du 1er des Basses-Alpes, de l'Ariège et de la Haute-Loire, et commandée par le capitaine Comte, gravit la première des rochers crus inaccessibles ; les grenadiers la soutinrent avec la plus valeureuse émulation et, en quelques minutes, l'impétuosité des Français franchit les obstacles de la nature, culbuta l'ennemi deux fois plus nombreux et chanta notre hymne guerrier sur ces rocs sourcilleux...

« Les troupes de la République entrèrent, le 2, au matin, à Moûtiers. Le général de l'armée fit pousser aussitôt un gros détachement sur les hauteurs d'Aime, où il fit quelques prisonniers et s'empara d'un magasin de vivres. Il poursuivit les ennemis et se mit lui même à la tête de la colonne, qui arriva au Bourg-Saint-Maurice une heure après l'ennemi et qui releva, au son d'une musique guerrière et des chants patriotiques, l'arbre de la liberté que les ennemis avaient abattu. Le jour finissait, on ne put attaquer l'ennemi qui montait le Petit-Saint-Bernard, dont il défendait le pied avec une forte arrière-garde. Notre artillerie ne put arriver que le lendemain, à la pointe du jour, à cause du mauvais état des chemins, rompus en plusieurs endroits par l'ennemi. Le général alla le reconnaître ; il le vit dans une position avantageuse, d'où il favorisait sa retraite par un feu très vif de canons et d'obusiers. La nôtre eut ordre d'avancer. Quoique placée moins avantageusement que celle de l'ennemi, elle fit bientôt taire son feu ; elle lui enleva beaucoup d'hommes ; on le vit alors gagner précipitamment la crête de la montagne, en emportant ses blessés. Notre feu cessa lorsqu'il fut hors de portée. Ce qui flatte le plus le général dans cette journée, c'est que la République n'a pas eu un seul homme blessé...

« ... Le général Kellermann fait le plus grand éloge de ses frères d'armes de tous grades. Il a été parfaitement secondé par le général Saint-Remy, chef de l'état-major, les généraux Ledoyen et Badelaune... »

La retraite des Sardes de la Tarentaise entraîna l'évacuation de la Maurienne. Le

8 octobre, la Savoie était évacuée complètement : « Ainsi, malgré leur infériorité numérique, malgré l'hostilité d'une partie des habitants, malgré la pénurie des approvisionnements de toute nature, les Républicains avaient employé moins de temps à délivrer la Savoie que les Piémontais n'en avaient mis à l'envahir. Cet heureux résultat était dû aux habiles combinaisons de Kellermann et de son chef d'état-major, le général Saint-Remi, à l'énergique activité, à l'intrépide bravoure des officiers de tous grades, au dévouement et à l'enthousiasme des soldats, volontaires et troupes de ligne, qui avaient supporté avec un véritable héroïsme les fatigues les plus dures, les plus cruelles privations (1). »

Voici maintenant le rapport sur les opérations des Piémontais en Tarentaise; il a été publié par M. Duval, d'après les archives de Breil (Alpes-Maritimes). Du reste, on trouvera dans l'ouvrage de M. le marquis Tredicini (2) le *Précis des mouvements* de l'armée sarde en Savoie, pendant la campagne de 1793, écrit par le marquis Henri Costa de Beauregard.

(1) *Campagnes dans les Alpes*, p. 293.

(2) *Un régiment provincial*, p. 133.

« *Rapport sur les opérations du corps piémontais opérant en Tarentaise en 1793.*

« Mgr le duc de Montferrat doit avoir pris le commandement de l'armée de la vallée d'Aoste vers le 10 à 12 du mois de mai de l'année 1793. Le général d'Argenteau l'avait devancé de quelques jours. Le quartier général fut d'abord à la cité d'Aoste, ensuite à la Thuile ou soit au hameau de la Golette, dépendant de ce village, éloigné de l'Hospice de 2 heures 1/2.

« Répartition des Troupes

« 1° *Au Saint-Bernard.* — Le camp de la Thuile fut formé par les régiments de Turin, de Montferrat, de la Marine, des grenadiers royaux qui donnaient le détachement au Saint-Bernard, qui se relevait de 15 en 15 jours, parfois de 20 en 20 jours, composé d'un bataillon, outre un autre bataillon au baracon de l'Eau-Rouge.

« 2° *Au Combal et Courmayeur.* — Au poste du Combal, il y avait ordinairement deux bataillons, Novare et les grenadiers de Chamousset. Rochemondet devait être destiné au poste de Courmayeur. Au col du Mont, en tête de Val-Grisance, était le bataillon de la Légion légère.

« *Au Combal.* — Le poste du Combal est sur l'avenue du col de l'Allée-Blanche, venant du Faucigny par le vallon des Chapieux ; par la droite, il tient au Mont-Blanc, qui est inaccessible à cause des glaciers; par sa gauche, il appuie à la montagne de Larvittille ou Larp-Vieil; celle-ci étant accessible, on y avait établi un poste avec des retranchements et un baracon. La gorge du Combal était fermée par une digue formant une retenue qui produit un lac contre l'avenue du Faucigny.

« Sur le bord du lac, on pratique des retranchements pour empêcher l'ennemi d'approcher de la digue. Ce poste était gardé habituellement par un bataillon, outre les milices ; en dessous du Combal est un petit hameau où campaient des troupes en soutien du poste, quand la saison est mauvaise, car dans la belle saison tout campait au Combal, gardé par un bataillon ; on avait fait des retranchements et des baracons, gardés comme on a dit ci-devant.

« Les trois cols Saint-Bernard, du Mont et de l'Allée-Blanche n'avaient point de communication directe ; il faut s'y rendre par le fond des vallées qui conduisent à ces cols ; il faut une journée pour communiquer de l'un à l'autre.

« Les troupes souffrirent considérablement à l'Hospice et à la Thuile, où elles étaient cantonnées trop à l'étroit (1). Les grenadiers royaux surtout perdirent beaucoup.

« Opérations en Tarentaise

« Les troupes, pour entrer en Savoie, se rassemblèrent sur le Petit-Saint-Bernard, où elles campèrent pendant deux jours avant l'entrée ; on y réunit celles du col du Mont, qu'on laissa, gardé par les milices.

« Ce rassemblement fut de 11 bataillons,

(1) Voir à cet effet la note 1, page 22.

outre un à l'Hospice ; celui de Novare doit être descendu dans le Faucigny ; pour former le 14e, il n'y a qu'à supposer celui qui se trouvait aux postes du Petit-Saint-Bernard.

« On partit du Petit-Saint-Bernard (1) le soir du 15, à huit heures, sur deux colonnes. Cette armée, commandée par Monseigneur, descendit par le Petit-Saint-Bernard et fut prendre sa position sur la montagne au-dessus du village de Séez. L'autre, commandée par d'Argenteau, prit à la droite, se porta au Mont, pour tomber sur le hameau de Bonneval, dans le vallon où était un poste français de 250 hommes.

« Les grenadiers royaux faisaient partie de cette colonne ; ils formèrent une colonne particulière qui devait prendre en flanc le détachement de Bonneval et un autre en avant de ce village, de 250 hommes. De sorte que dans ce vallon il y avait 500 Français ; ces postes furent culbutés ; on croyait de les faire prisonniers; mais la pluie et le mauvais temps ayant fait manquer la précision du mouvement, donnèrent lieu aux Français de se sauver, en perdant leurs équipages.

« Ensuite, les grenadiers royaux, réunis au corps de d'Argenteau, à Bonneval, prirent la montagne, à la droite du vallon, pour tourner la redoute du Châtelard, appuyant la disposition des Français campés à Saint-Maurice. Cette manœuvre s'exécuta

(1) L'armée du Val d'Aoste se composait de 14 bataillons, d'après le *Précis* du marquis Costa. *Régiment provincial*, p. 135.

sur quatre colonnes, ayant toutes pour but de tourner la redoute du Châtelard en même temps. M. le baron de la Tour qui, de la vallée de Maurienne, était passé dans celle de Tignes, prit le poste de Villaroger.

« Après la prise de ce poste et celui de Bonneval, les Français, se voyant exposés à leurs flancs, ou soit qu'on leur gagnait les hauteurs dominant les redoutes appuyant leur position de Saint-Maurice, prirent le parti de les abandonner dans la nuit, retirant leur artillerie et leurs bagages. Les grenadiers royaux s'avancèrent à Saint-Maurice, et les Français, campés en arrière de ce village, se trouvant exposés, se retirèrent par le fond de la vallée.

« Après l'évacuation de Saint-Maurice, Monseigneur s'avança et toutes les troupes campèrent à Saint-Maurice, et chargea M. de la Tour de faire son avant-garde ; on resta deux jours à Saint-Maurice.

« Les Français firent quelque résistance à Saulcette, dont le baron de la Tour les chassa, attaquant de front deux de leurs pièces de canon, il y eut une quarantaine d'hommes entre tués ou blessés. Après cette attaque, les Français se retirèrent jusqu'à Conflans et les troupes du roi s'avancèrent jusqu'à la Roche-Cevins, à trois heures de Moûtiers et une de Conflans. Le poste de Cevins fut gardé par les grenadiers royaux. Le quartier général de Saint-Maurice passa à Villette et après à Moûtiers, où il resta jusqu'à la retraite, d'où il partit le 1er octobre.

« Les notions des causes qui nécessitèrent la retraite de la Tarentaise sont contenues dans le journal du baron de la Tour et dans les notes sur les affaires du Faucigny (1). De Moûtiers, on vint camper à Séez, où l'on resta un jour et une nuit, jusqu'au 2 octobre, pour protéger la retraite de l'artillerie.

« Dans la journée du 2 (2), les Français poursuivirent l'arrière-garde faite par les grenadiers royaux et l'on se battit toute la journée à Saint-Germain. C'est dans cette occasion que Sazzia gagna la croix.

« Le 4 octobre, la troupe se retira sur le Saint-Bernard, épuisée de fatigue et de faim, où l'on reprit les premières positions, et l'on passa en quartier d'hiver le 5 ou 6 de novembre, et l'on garda pendant l'hiver le Saint-Bernard ; au col du Mont, on laissa une cinquantaine de volontaires, qu'on pourvut de provisions. »

Kellermann avait fait toute la campagne sous le coup d'une destitution qu'il ne connut que le 4 octobre. Avant de remettre le commandement au général d'Ornac, intérimaire, et de se rendre à la prison de l'Abbaye, à Paris, il avait demandé, d'accord avec les représentants du peuple,

(1) Voir le même *Précis*, p. 153, et l'ouvrage de M. Duval, p. 119. M. de Saint-Séverin écrit, p. 125: « Vouloir reprendre la Savoie, délivrer Lyon et envahir le Dauphiné avec 15,000 hommes à peine était une aberration d'esprit. »

(2) Le 3 octobre, d'après les historiens, et le rapport de Kellermann cité ci-dessus.

de l'avancement pour ceux de ses officiers qui s'étaient le plus distingué ; en particulier Badelaune était proposé pour le grade de général de division. Or, nous avons vu précédemment qu'à ce moment, 11 octobre, le Conseil exécutif ne pouvait que le confirmer dans son grade provisoire de général de brigade.

IV

Le 13 octobre, Badelaune était placé à la tête de la division du Mont-Blanc. Il commença par une tournée d'inspection dans l'étendue de son commandement, avant de se rendre à Chambéry où il allait passer la première partie de l'hiver ; le général Vaubois le remplaçait à Moûtiers. Les troupes qui avaient constitué le noyau de la brigade de Tarentaise étaient : le 1er bataillon de grenadiers, le 2e bataillon du 79e régiment de ligne, ancien régiment de Boulonnais, le 8e bataillon d'infanterie légère ou chasseurs, anciennement des Vosges, les 1er et 5e bataillons de volontaires de l'Isère, un détachement du 4e d'artillerie. Au mois de septembre, la brigade avait été renforcée du 1er grenadiers et du 1er Basses-Alpes, venus de Tournoux, tandis que le 1er de la Haute-Loire passait en Maurienne. On aura une idée de l'écart entre l'effectif nominal et l'effectif réel en examinant l'état de situation au 7 octobre : 2,042 présents sur 3,576 ; 400 hommes environ sont aux hôpitaux, 700 en détachements (1).

C'est de Chambéry que Badelaune envoya au ministère, à la date du 8 frimaire an II (28 novembre 1793), l'état de services auquel j'ai fait de fréquents emprunts ; il l'accompagnait de la lettre suivante (2), adressée sans doute à Vincent, chef du service du personnel :

« Chambéry, le 6 frimaire, l'an II de la République.

« Citoyen,

« J'ai reçu la lettre de général de Brigade que tu m'as envoyée, et quelque temps après mon brevet.

« La longue tournée que j'ai faite dans les montagnes m'a empêché d'en accuser de suite la réception. J'ai déjà deux fois fait passer au Ministre, pendant cette campagne, l'état que tu me demandes de ce que j'ai fait depuis le sortir de mes études. Je viens de le remettre à l'instant au citoyen Chevrillon, agent du pouvoir exécutif auprès de cette armée.

« Je ne suis point noble et je n'en ai jamais connu, ni d'émigrés dans ma famille. Au sortir de mes études faites à Paris où

(1) *Invasion de la Savoie*, p. 163 (M. Duval).

(2) Archives administratives de la Guerre.

j'ai pris naissance, j'ai été marin. J'étais major d'infanterie et lieutenant de vaisseau en Hollande la guerre dernière. Toutes les pièces justificatives ont été remises aux bureaux de la guerre, par le Commissaire ordonnateur et sont détaillées dans l'état énoncé ci-dessus.

« J'étais patriote Hollandais et je ne puis rien ajouter à la profonde horreur que j'ai conçue depuis l'enfance pour les tirans et à mon inviolable attachement à ma Patrie et à tous les vrais républicains.

« Salut et fraternité.

« *Le Général de Brigade, commandant la division du Mont-Blanc, Armée des Alpes,*

BADELAUNE.

Pendant son séjour à Chambéry, le général fut victime d'une agression que l'on trouve rapportée ainsi que suit dans une lettre adressée par un citoyen Somelier, le 16 décembre 1793, à Dufresne, procureur-syndic du district de Cluses (1).

« Le bas et imbécille Roitelet de Turin use, actuellement que ses canons sont impuissants, comme ils l'ont toujours été, de l'arme de son pays pour faire assassiner nos généraux patriotes. Hier soir, sur les neuf heures, le général Badelonne, environné de cinq ou six bandits, dont un était

(1) Archives départementales de la Haute-Savoie; recueilli par M. Eloi Serand.

surtout déserteur piedmontais, actuellement Allobroge, a été assez heureux de faire par un mouvement diriger sur la cuisse, un coup de couteau porté sur le bas ventre, et d'y user de son sabre pour s'en éviter de nouveaux; mais les scélérats sont arrêtés, et ne manqueront pas de subir la punission due à leurs forfaits et aux atrocités dont sont coupables les monstres qui les ont achetés. »

V

Depuis la fin de la campagne, de nombreux changements avaient eu lieu dans le commandement de l'armée des Alpes. Destitué, Kellermann avait été remplacé provisoirement par d'Ornac, le 17 octobre; celui-ci est remplacé le 31 octobre par Doppet; le 7 novembre, le général Dours remplace par intérim Doppet, envoyé à Toulon ; le 16, Carteaux arrive, ayant été nommé le 7 pour remplacer Doppet ; enfin le 22 décembre Carteaux est arrêté, remplacé provisoirement par le général Pellapra, vieil officier qui comptait alors 40 ans de services et 12 campagnes, en attendant l'arrivée, qui ne doit avoir lieu que le 21 janvier suivant, du nouveau général en chef, Alexandre Dumas.

Comme contre-coup des luttes politiques, de nombreux officiers avaient été suspendus ou destitués, entre autres Ledoyen et Saint-Remy, le chef de l'état-major de Kellermann, remplacé successivement par les généraux

Rivas, Handos, Pouget, Piston. Les meilleures troupes, l'artillerie, les munitions avaient été envoyées à Toulon ; et si les restantes forment encore un effectif de 47,000 hommes au commencement des quartiers d'hiver, le plus grand nombre, à peine armé, n'est ni instruit, ni habillé, ni équipé. L'armée des Alpes forme alors 3 divisions, ainsi qu'il résulte de l'état de situation des cantonnements à la date du 1er nivôse an II (21 décembre 1793) d'où est extrait ce qui suit (1) :

« DUMAS, général en chef ; POUGET, général de brigade, chef d'état-major.

« 1ère Division. — 8,193 hommes.

« Général PETIT-GUILLAUME, à Digne.

« Généraux de brigade : *Sarret*, à Barcelonnette ; *Valette*, à Briançon.

« Adjudants généraux : Massol, chef de brigade à Digne ; Chamban, chef de bataillon, à Barcelonnette ; Colinet, chef de bataillon, à Briançon.

« 2e Division. — 14,459 h.

« Maurienne, 3,455 hommes. — Général DOURS, à Chambéry ; général de brigade *Walther*, à Saint-Jean ; adjudant-général Rey, à Saint-Jean.

« Tarentaise, 2,189 hommes. — Général de brigade *Vaubois*, à Moûtiers. *(Badelaune, en congé)*.

(1) *Campagnes dans les Alpes*, 2e volume.

« Faucigny-Chablais, 5,108 hommes. — Général de brigade *Gouvion*, à Chambéry. Adjudants-généraux : Camin, chef de brigade, à Chambéry; Camel, chef de bataillon, à Carrouge.

« Brigade de flanc, 3,707 hommes. — Général de brigade *Lajolais*, à Bourg.

« 3e Division. — 14,237 hommes.

« Généraux de brigade : *Rivas*, à Grenoble ; *Cézar*, à Grenoble ; *Simien* à fort Barrault.

« Adjudants généraux : Palasson, Lécuyer, chefs de bataillon, à Grenoble.

« Garnisons : 9,547 hommes. Artillerie : 1,187 hommes. Total général : 47,723.

Voici le détail des troupes des deux vallées de Savoie :

« *Tarentaise.*

4e bat. inf. légère	615 h.	(Aime, Bourg-St-Maurice, Séez.)
1er de la Côte-d'Or	384	(Moûtiers.)
5e Rhône et Loire..	248	(Conflans, l'Hôpital.)
Gr. de la Côte-d'Or	290	(St-Pierre d'Albigny.)
Chas. des H.-Alpes	616	(id.)
$Détach^{t}$ du 5e caval.	36	(En différents endroits.)

« *Maurienne.*

1er b. Lég. des Alpes	557 h.	(Lanslebourg.)
1er Basses-Alpes...	756	(Modane, Saint-André, Saint-Michel.)
2e Grenadiers.....	380	(St-Jean-de-Maurienne.)
1er Isère....	669	(La Chambre, Aiguebelle).
Bat. d. $Chaumièr^{es}$	633	(Montmélian.)
Guides à pied.	27	(St-Jean-de-Maurienne.)
$Détach^{t}$ du 5e caval.	18	(En différents endroits.)

Les Piémontais, de leur côté, n'étaient pas restés inactifs. Ils avaient perfectionné les ouvrages de défense du Mont-Cenis, organisés, dès septembre 1792, par le lieutenant-général Strassoldo ; ils avaient garni leur position de redoutes et de batteries entourées par une ligne de palissades, et l'avaient reliée par des retranchements aux postes du Petit Mont-Cenis. Il y avait 16 pièces d'artillerie, 19 fusils de rempart, un millier d'hommes et des réserves à la Poste, à l'Hospice et à la Grand-Croix.

De même au Petit Saint-Bernard, les Piémontais avaient relevé les anciens retranchements placés auprès de l'hospice et y avaient ajouté deux ouvrages qui en commandaient les approches sur les deux rives du torrent du Reclus, affluent de droite de l'Isère ; à droite, le baracon de la Commune, ou de la Motte, entouré d'une tranchée, découvrait le grand chemin muletier ; à gauche, la redoute et la flèche du col de Traversette maitrisaient les sentiers de Sainte-Foy et du mont Valezan. Ces ouvrages étaient armés d'une vingtaine de pièces d'artillerie (1).

(1) *Campagnes dans les Alpes*, 2e volume. — *Un régiment provincial*, p. 158. — *Histoire d'Italie*, de Botta.

Campagne de 1794

I

Le 13 janvier 1794, Badelaune reçoit à Annecy, où il était en congé, l'ordre d'aller à Saint-Jean remplacer le général Walther. L'hiver était rigoureux autant que le précédent, et la grande quantité de neige tombée paraissait devoir retarder beaucoup les premières hostilités de la campagne prochaine. C'était cependant l'intention de Carnot et du Comité de Salut public de prendre partout l'offensive au premier jour; en ce qui concerne la frontière d'Italie, Carnot écrivait, dès le 30 janvier (2) :

« La chaîne des Alpes, qui vient après le cours du Rhin, présente les mêmes diffi-

(2) Archives de la Guerre. — Extrait du système général des opérations militaires de la campagne prochaine par Carnot, le 11 pluviôse an II de la République.

cultés à l'agresseur et les mêmes avantages à celui qu'on attaque. C'est donc encore une portion de la frontière sur laquelle on ne doit agir offensivement que dans les gorges qui offrent quelques passages praticables à l'ennemi, *comme le Petit-Saint-Bernard et les deux monts Cenis, postes dont il est essentiel de s'emparer.*

« L'entrée en Piémont par cette chaîne de montagnes, qui le sépare du mont Blanc, serait d'abord très difficile par le défaut de chemins, et de plus, quand on les aurait franchis, il faudrait entreprendre le siège de Suze, avant d'arriver à Turin ; or cette ville est très forte et, pour peu qu'elle fît résistance, les neiges nous couperaient nos communications et nous ne pourrions plus ramener notre artillerie, qui deviendrait la proie de l'ennemi.

« Si donc on veut attaquer le Piémont, c'est par le dép^{t} des Alpes-Maritimes, en prenant d'abord Oneille, qui empêche tout secours de la part des ennemis, toute communication avec la Sardaigne, et qui nous facilite l'arrivage des subsistances, etc. »

Le nouveau général de l'armée des Alpes, Dumas, n'était arrivé à Grenoble que depuis peu de jours, ainsi que le représentant du peuple Gaston, quand il reçut du Comité de Salut public l'*invitation* suivante (1) :

(1) Archives de la Guerre. — Extrait des registres du Comité de Salut public de la Convention nationale.

Du 25 Janvier 1794

« Le Comité de Salut public arrête :

« Art. 1. — Le général en chef de l'armée des Alpes prendra les mesures nécessaires pour s'emparer le plus promptement possible des postes que les ennemis occupent au petit Saint-Bernard et aux grand et petit monts Cenis.

« Art. 2. — Il emploiera pour cette expédition une telle supériorité de forces qu'il ne puisse y avoir aucun doute sur le succès, attaquera tous les postes en même temps, tâchera de les surprendre, gardera le secret le plus profond et fera ses dispositions sous des prétextes étrangers à son véritable but.

Art. 3. — Immédiatement après l'expédition, le général fera retirer tous les canons des postes enlevés, à l'exception de deux ou trois au plus dans chacun, lesquels seront braqués de suite sur les avenues du côté de l'ennemi et gardés avec la plus grande vigilance. On travaillera sur-le-champ à y faire les baraques et autres travaux nécessaires à la défense du poste et au bien-être de la troupe.

« *Pour extrait :*

Barère, Carnot, C.-A. Prieur, Billaud-Varenne.

La lecture de l'article 2 montre l'importance extrême qu'attachait Carnot à la possession de ces postes, au début même de la campagne, et pour l'exécution du plan général d'opérations. Comme si cet arrêté n'était pas suffisant, Carnot insiste par une note signée de lui et ainsi conçue :

« Le ministre de la guerre est invité à ne rien laisser transpirer du projet ; à recommander également le plus profond secret au général Dumas ; à lui recommander aussi d'employer dans cette expédition des hommes connaissant bien le pays. *On assure que Badelonne serait très propre à l'attaque du petit Saint-Bernard,* et Ratel, capitaine des guides à pied, pour être employé en second à l'attaque du mont Cenis. »

Aussitôt que les circonstances le lui permirent, Dumas convoqua un conseil de guerre à Chambéry. Il y appela Badelaune, d'après l'indication même de Carnot, et Sarret à qui son intention était de confier l'attaque du Mont-Cenis.

Sarret commandait à Barcelonnette. Les succès qu'il avait obtenus dans le Faucigny en septembre 1793 où, simple aide de camp de Kellermann, il avait remplacé Santerre destitué, l'estime qu'il avait inspirée au représentant Simond qui écrivait : « Je répète à la Convention nationale le nom du citoyen Sarret, capitaine ; elle n'aura jamais un homme plus intrépide à récompenser ; il va toujours à la guerre avec une carabine, sans sac et sans cheval, et, hors la place de général en chef, je ne connais aucun poste que ce digne républicain ne remplisse avec succès et honneur, » tout cela avait valu à Sarret un avancement rapide auquel la mort devait mettre un terme bien proche.

Le Conseil de guerre se réunit le 26 février 1794, en voici le procès-verbal (1) :

« Egalité. Liberté.

« *Procès-verbal* du Conseil de Guerre tenu à Chambéry le 8 ventôse.

« Le huit ventôse, an deuxième de la République française une et indivisible, à Chambéry, département du Mont-Blanc, dans la maison occupée par le représentant Gaston, se sont assemblés les représentants Gaston et Dumaz, le général en chef de l'armée des Alpes, Dumas, les officiers généraux de la même armée, Rivas, Badelaune et Sarret, pour délibérer sur les mesures les plus propres pour réussir la prise des postes occupés par les troupes du Despote Sarde, au Mont-Cenis, Mont Valaizan sur Séez et Petit Saint-Bernard, ordonnée par le Comité de Salut public.

« La matière mise en discussion, il a été généralement reconnu que cette expédition était très avantageuse, en ce que les postes, dont il s'agit, étant occupés par les troupes de la République, la défensive de la frontière dans cette partie devenait beaucoup plus sûre et exigerait beaucoup moins de troupes. D'ailleurs la réussite de cette expédition nécessitant l'ennemi à employer un

(1) Archives historiques de la Guerre.

plus grand nombre de soldats pour sa défensive dans cette partie, il résulte qu'il sera obligé de s'affaiblir sur les autres points, tout au moins les gênerait considérablement dans le cas où ils auraient voulu tenter une attaque sur quelque partie. Il a de même été reconnu unanimement que cette expédition devait être faite pendant le temps que les montagnes sont couvertes de neiges, et profiter des jours où la neige soit assez dure pour porter les hommes qui marchent dessus. Il faut que les montagnes soient couvertes de neige, parce que l'ennemi ne se tient pas en garde, il ne pense pas à être attaqué ; d'ailleurs son artillerie lui devient presque inutile, les fossés étant comblés ; il faut que la neige soit dure, parce que sans cela, il est impossible que les troupes puissent faire les marches nécessaires pour parvenir à l'ennemi. Il a encore été reconnu que cette expédition n'a pas été praticable depuis l'arrêté du Comité de Salut Public, attendu que les neiges n'étaient pas dures ; mais elles peuvent devenir telles d'un moment à l'autre.

« En conséquence, il faut tout disposer pour l'attaque, placer les troupes les plus propres à faire cette expédition à portée de la faire, faire avancer les subsistances, soit pour leur entretien jusqu'à l'expédition, soit pour les maintenir dans les postes qu'elles enlèveront. Comme le secret est nécessaire pour la réussite, et que les mouvements des troupes, qui sont nécessaires pour cette opération, pourraient la faire découvrir, il a été convenu qu'on donnerait pour cause à ces mouvements la crainte d'une attaque projetée par l'ennemi. On dira aussi qu'ils sont nécessaires pour faciliter les revues requises avant l'embrigadement.

« On a été d'avis de confier cette expédition aux deux officiers généraux qui connaissent le mieux les localités, qui sont assez robustes et courageux pour l'entreprendre et la soutenir, et ont les talents nécessaires pour la diriger et la faire réussir ; de mettre à la disposition de ces deux officiers généraux les bataillons qu'ils croiront les plus propres à l'expédition, et tous les pouvoirs requis pour faire avancer les subsistances qu'ils jugeront nécessaires. En conséquence, il a été arrêté :

« 1° Que le général Badelaune sera chargé de l'expédition du Mont Valaizan sur Séez et du Petit Saint-Bernard ; qu'on lui confiera le commandement des troupes qui sont et seront dans les districts de Moûtiers, Cluses et portion du Genevois, en un mot, le même commandement qu'il avait l'année dernière dans cette partie ;

« 2° Que le général Sarret sera chargé de l'expédition du Mont-Cenis, qu'en conséquence on lui confiera le commandement des troupes qui sont et seront dans la Maurienne, y compris Montmeillan, qu'il aura à sa disposition Ratel, capitaine des guides avec sa compagnie ;

« 3° Que le général Vaubois prendra le commandement des troupes qui sont dans la vallée de Barcelonnette qu'avait précédemment Sarret ;

« 4° Que le général en chef mettra à la disposition des généraux Badelaune et Sarret les bataillons qu'ils lui indiqueront comme plus propres à l'expédition, en prenant les précautions nécessaires pour les faire remplacer de suite ;

« 5° Que les généraux Badelaune et Sarret sont autorisés à donner tous les ordres nécessaires pour faire avancer les subsistances qu'ils jugeront nécessaires et à se choisir les adjudants-généraux qu'ils croiront plus propres à les seconder.

« *Signé à l'original :* Dumaz, Gaston, Alex. Dumas, Rivas, Badelaune, Henri Sarret. »

En conséquence de ces dispositions, Badelaune passe, le 2 mars, de Saint-Jean-de-Maurienne à Moûtiers ; il y remplace le général Vaubois qui va, à Barcelonnette, remplacer Sarret venu en Maurienne. Les troupes républicaines dans les deux vallées font un effectif de 11,000 hommes, à savoir 6,000 en Maurienne, 5,000 en Tarentaise ; chaque brigade dispose en outre de quatre pièces de 4 et de 100 sapeurs. La brigade de Tarentaise est ainsi composée : 2e bat. du 79e régiment ; 1er de la Côte-d'Or ; grenadiers de la Côte-d'Or ; 5e Rhône et Loire ; 5e Isère. En rapprochant cette formation des deux précédemment citées, on voit que Badelaune avait fait revenir en Tarentaise, en vertu de l'autorisation donnée par le conseil de guerre, le 2e bataillon du 79e et le 5e de l'Isère qui avaient fait avec lui la campagne de 1793.

II

Dès la fin de mars, les troupes étaient prêtes ; mais la neige épaisse ne portait pas. Une recrudescence de froid étant survenue aux premiers jours d'avril, la neige durcit. Le général Sarret veut sans tarder profiter de l'occasion ; il ordonne l'attaque.

« Dans la soirée du 5, deux divisions se mettent en mouvement. Celle de droite, sous les ordres de Sarret, part de Bramans et de l'église de Saint-Pierre à neuf heures du soir ; elle gagne Villette, passe sur la rive droite du torrent et s'engage dans la combe située en face de ce hameau, afin d'atteindre la batterie des Archettes où elle devait se diviser en trois colonnes. Contrairement à ce que l'on croyait, ce poste était occupé et ses défenseurs sur leurs gardes : force est de rebrousser chemin, de redescendre dans le vallon, et de s'élever sur la crête opposée pour tourner l'obstacle. Ce retard permet l'arrivée d'un renfort d'une centaine de grenadiers piémontais, de sorte qu'en arrivant au pied de la hauteur l'avant-garde de la colonne française est arrêtée par une vive fusillade. Sarret s'y porte aussitôt ; la raideur des pentes y empêche aussitôt ; la raideur des pentes y empêche tout déploiement, l'effet de la surprise une fois manqué, il faut se rendre maître de ce point par un coup de vigueur ; il réunit 30 hommes de bonne volonté, se met à leur tête ; mais à quarante pas de l'ennemi il est mortellement blessé, ainsi que plusieurs soldats, et le détachement se replie. Il était dix heures du matin. Les troupes harassées ne sont maintenues en ordre devant un ennemi bien inférieur en nombre que par l'énergie de l'adjudant-général Camin. La retraite est effectuée à 1 heure de l'après-midi.

« La 2e division, chargée de l'attaque du grand mont Cenis, s'était réunie à Lanslebourg et divisée en trois colonnes, celle du centre était sous les ordres du général Gouvion. Elles eurent un succès relatif, mais sans empêcher l'ennemi de se renforcer et de prendre l'offensive. Apprenant par surcroît la mort de Sarret, toutes les troupes se replient et regagnent leurs cantonnements respectifs dans la soirée du 6 (1). »

(1) *Campagnes dans les Alpes*, 2e volume. — Le général Sarret avait reçu deux blessures ; transporté à Bramans il y mourut le soir. Il fut enterré dans la redoute élevée à l'ouest de ce village. Lors de la destruction de cet ouvrage, le corps a été transporté dans l'église où il se trouve encore

Henry-Amable-Alexandre DE SARRET était né à Milhau (Aveyron), le 6 septembre 1767. Il était étudiant à Montpellier quand il partit en 1784 pour l'Espagne, où il servit dans le régiment wallon de Brabant, puis dans le corps royal du génie, comme lieutenant. Il rentra en France le 5 août 1791, et fut attaché, le 18 septembre 1792, à l'état-major de l'intérieur comme adjoint aux adjudants-généraux. Il

Cet échec au début de la campagne produisit dans l'armée un effet lamentable, en même temps qu'il était de nature à donner quelque confiance à l'ennemi. On en voulut rechercher les causes, parce qu'il avait blessé dans son orgueil et dans son enthousiasme la jeune armée républicaine. Des officiers, des soldats, accusés de lâcheté, furent traduits à Chambéry devant la commission militaire; et les habitants de Lanslebourg, soupçonnés d'avoir fourni des renseignements à l'ennemi, furent transportés à Barraux, et virent leur village pillé. Cet état d'esprit rendait plus nécessaire encore la réussite de l'attaque projetée contre le Petit Saint-Bernard.

Ce poste était gardé par une compagnie de Novare, une de la légion légère, un bataillon du régiment suisse de Rockmondet, dont les deux autres bataillons campaient à l'Hospice et à la Thuile. Plein de confiance en raison de l'assaut infructueux donné au Mont-Cenis, le duc de Montferrat s'était rendu à Turin, laissant le commandement au général baron de Rockmondet qui s'était

devint capitaine dans le bataillon des Hautes-Alpes et fut réclamé pour aide de camp le 27 mai 1793 par le général Kellermann. Il se signala à la tête des troupes du Faucigny pendant l'invasion, et fut promu général de brigade le 26 octobre suivant, avec le commandement du camp de Tournoux.

fait remplacer par son lieutenant-colonel, le chevalier Settler. La brigade de Tarentaise était composée ainsi qu'il suit (1) :

« Général BADELAUNE, à Moûtiers. — Adjudant-général *Alméras,* à Moûtiers.

5e Isère (Moûtiers)......	370	présents	1,070	effectif
5e Rhône et Loire (Hôpital et Conflans)........	995	—	1,076	—
1er Côte-d'Or (Moûtiers)	958	—	1,063	—
Grenadiers de la Côte-d'Or (Aime, St-Pierre)	970	—	1,073	—
2e bat. du 79e régt (en divers endroits).......	860	—	1,079	—
Détacht du 5e cavalerie (Bourg St-Maurice)..	42	—	42	—
Détacht du 4e artillerie (Moûtiers, Conflans)	116	—	123	—
	4,311	présents	5,526	effectif

Le 22 avril (3 floréal), Badelaune concentre ses troupes à Séez et au Châtelard ; il intercepte toute communication entre les habitants et l'ennemi. Le général Dumas et le représentant du peuple Gaston étaient venus à Bourg Saint-Maurice, avaient approuvé le plan d'attaque et exhorté les troupes. Dans la journée du 23, Badelaune envoie l'adjudant-général Alméras avec 17 compagnies, faire une démonstration devant

(1) Extrait de l'état de situation de l'Armée des Alpes, le 1er floréal an II ; 2e vol. des *Campagnes dans les Alpes*, pièces justificatives.

les ouvrages du baracon de la Commune, et le chevalier Settler s'empresse de faire renforcer ce poste au détriment des autres. Mais à la nuit tombante, Alméras se replie et vient former la réserve de l'attaque principale.

Dans la soirée du 23 avril, trois colonnes partent du Châtelard. Celle de droite doit gravir les pentes du Chardonney pour dominer les redoutes du col de Traversette ; elle est arrêtée par l'abondance des neiges et la raideur des pentes. La colonne du centre suit le sentier du col et parvient, à 3 heures du matin, aux pieds des retranchements sans être signalée. La sentinelle est tuée à la baïonnette à la redoute de l'Est, la garnison obligée de mettre bas les armes avant d'avoir pu se mettre en état de défense, ainsi que son chef, un capitaine suisse de Rockmondet (1). A l'autre redoute, l'éveil

(1) Ce capitaine suisse s'appelait Bégoz: on a prétendu qu'il avait trahi pour 300,000 francs, en s'appuyant sur ce qu'il avait refusé les renforts qu'on lui offrait peu avant, et sur ce qu'il fut rendu à la liberté peu de temps après avoir été fait prisonnier. On répond à cela que l'armée des Alpes eût été fort empêchée de trouver dans ses poches 300,000 francs en numéraire, et que Bégoz ne les aurait pas reçus en assignats qui n'avaient pas cours chez lui. Quant à la mise en liberté, elle résulta d'une mesure générale prise à l'égard de tous les Suisses prisonniers de guerre ensuite d'un arrêté du Comité de Salut public. En outre, s'il avait refusé des renforts peu

a été donné, les artilleurs ont le temps de faire une décharge de leurs pièces, mais ils sont bientôt enveloppés, tués ou pris, et leurs canons tournés contre les retranchements du Petit Saint-Bernard que venait d'attaquer la colonne de gauche.

Fatigués par le combat de la veille, surpris par le feu venant d'un de leurs postes, effrayés enfin par l'explosion d'un de leurs magasins à poudre, les défenseurs se replient dans le plus grand désordre vers les retranchements du Prince-Thomas qu'ils abandonnent aussitôt pour fuir jusqu'au village de Saint-Pierre, à deux heures de la cité d'Aoste ; le duc de Montferrat y arrivait en même temps : la démoralisation des troupes lui paraît telle qu'il les fait rétrograder encore pour les mettre hors d'atteinte des Français (1). Mais ceux-ci se contentent d'occuper Pré-Saint-Didier et d'observer les différents passages.

La nouvelle de la victoire de Badelaune causa, dans l'armée et dans le pays, une joie d'autant plus vive que l'on avait eu plus d'appréhensions, et senti davantage la

de jours avant l'attaque, c'est apparemment qu'il partageait, par suite de l'échec du Mont-Cenis, la même confiance qui avait permis au duc de Montferrat et au colonel de Rockmondet de rester l'un à Turin, l'autre à Aoste.

(1) *Campagnes dans les Alpes*, 2e vol.

nécessité de calmer l'émotion causée par l'issue malheureuse de l'attaque contre le Mont-Cenis. A Rumilly, le Conseil général de la commune arrête « que cette heureuse nouvelle sera rendue publique au son du tambour par affiche par laquelle les citoyens seront invités à se rassembler du même jour sur la place de la Liberté pour manifester leur joie de voir briser entre les mains de notre ancien tyran les fers qu'il nous préparait » (1).

Badelaune avait aussitôt fait part de la prise du Petit Saint-Bernard au représentant Dumaz, alors en tournée, en lui écrivant cette lettre :

« Egalité — Liberté — Embrigadement

« Du Bourg, le 5 floréal,
« an II de la République, une et indivisible.

« Je te fais part, citoyen représentant, que j'ai ce matin enlevé le Petit-Saint-Bernard, et que je vais poursuivre l'ennemi au Val d'Ost *(sic)*. Je n'ai eu que 5 hommes tués et 40 blessés. J'ai 20 pièces d'artillerie, et je t'embrasse de tout mon cœur.

« Badelaune. »

Comme bulletin de victoire, c'est parfait. Plus loin on lira d'autres lettres du même genre, et de la même allure. Un historien

(1) *Extrait de la séance* du Conseil général de la commune de Rumilly, du 7 floréal, an II.

justement estimé, Charles Botta, apprécie en ces termes la prise du Petit Saint-Bernard :

« De toutes les opérations militaires, même parmi les plus audacieuses de l'époque, aucune n'a été tentée ni accomplie avec plus de dangers que celle-ci ; et quoiqu'elle ait mis en présence un petit nombre de troupes de part et d'autre, et dans un espace très restreint, on ne peut refuser à qui l'a dirigée les éloges militaires les plus éclatants. »

Pour compléter ce récit, voici les rapports envoyés au Comité de Salut Public :

« Du 24 Avril 1794 (1)

« Du Petit Saint-Bernard
« le 5 floréal, l'an II de la République.

Au Comité de Salut Public, le général en chef commandant l'armée des Alpes.

« Vos vœux sont remplis, le St-Bernard est à nous. C'est aujourd'hui 5 floréal, à 5 heures du matin que ce poste important hérissé de plusieurs redoutes qui le flanquaient à droite et à gauche, dont l'accès était impossible à d'autres que des Républicains français est tombé en leur pouvoir. Toutes les vertus militaires se sont déployées dans cette attaque mémorable ; la constance dans les fatigues, la valeur dans les combats, le mépris de la mort et le sacrifice de tous

(1) Archives historiques de la Guerre.

les besoins. Après dix heures de marche, pendant la nuit, dans les neiges, à travers des précipices horribles, les troupes sont arrivées aux redoutes du Mont Valaizan. Peu effrayées des obus et des boulets qui tombaient à leurs pieds, elles sont montées à la charge et les ont enlevées de vive force. Maîtresses de ce poste, elles en ont tourné les bouches à feu sur la redoute de la Chapelle du Saint-Bernard qui a été évacuée bientôt après et les Piémontais fuyant de toutes parts devant les Français vainqueurs, leur ont abandonné toutes les redoutes, tous les postes et nous les avons poursuivis trois lieues au-delà du Saint-Bernard.

« Les fruits de cette victoire sont 20 pièces de canon, des obusiers, 200 fusils et 13 espingoles, et 200 prisonniers de guerre. Le nombre des morts et des blessés de l'ennemi nous est inconnu, parce qu'ils les ont emportés avec eux ; mais il doit être considérable. En surmontant tant de difficultés, nous avons à regretter peu de monde et nous n'avons eu qu'une soixantaine de blessés et même peu grièvement.

« *Le succès de cette affaire est un éloge complet du général Badelaune*, commandant en Tarentaise. Mais, instruit de ses dispositions, je dois vous dire qu'elles avaient été combinées avec intelligence et sagesse et qu'elles ont été exécutées avec fermeté et courage. Son rapport que je vous envoie vous fera connaître les traits d'héroïsme et d'intrépidité qui ont éclaté dans cette journée ; mais vous devez savoir aussi que le Représentant du peuple Gaston a concouru à sa gloire par les soins qu'il s'est donnés et par l'énergie qu'il a communiquée aux troupes dans toutes les circonstances.

« Salut et amitié.

« *Alex.* DUMAS. »

« *P.-S.* — J'ouvre ma lettre pour vous annoncer que la Thuile est prise ainsi que tous les magasins. Ils ont été sauvés des flammes que les coquins avaient mis aux villages. Cent Piémontais ont été tués, et nous sommes dans les retranchements du prince Thomas. »

Copie de la lettre du général BADELAUNE, *datée de Châtelar, le 5 floréal, au général en chef de l'armée des Alpes, au bourg Saint-Maurice.*

« Je te fais part que nous venons d'enlever le Petit Saint-Bernard et tous les retranchements et redoutes qui le défendaient, avec la baïonnette. Nous avons pour cela bivouaqué deux jours sur les plus hautes montagnes. Nous avons commencé par attaquer, par la droite et par la gauche, les trois fameuses redoutes du mont Valaisan, à la pointe du jour, après avoir marché 10 heures dans la neige sur la crête des montagnes.

« Le 2e bataillon de ci-devant Boulonnais, le 5e de l'Isère, le 5e de Rhône et Loire et les deux bataillons de la Côte-d'Or se sont comportés avec la plus grande valeur. Je n'ai jamais vu se battre de cette façon ; je t'enverrai à la première occasion les traits particuliers d'héroïsme des soldats et des officiers. Le 1er et le 6e de la Côte-d'Or nous ont prouvé qu'ils avaient oublié le serment de Valenciennes. Nous sommes redevables de cette intrépidité aux discours énergiques dans lesquels le représentant Gaston leur a fait passer tout le feu révolutionnaire et républicain qui l'anime. Nous avons eu sept hommes de tués et environ soixante de blessés. La perte de l'ennemi doit être très conséquente; la neige est de tous côtés teinte de son sang. L'officier d'artillerie a été tué sur ses pièces. Nous avons fait le commandant de ces postes prisonnier avec 200 hommes, tant sous-officiers que soldats du régiment suisse de Rochemondet. Nous avons pris 20 pièces de canon de différents calibres, tous superbes, et 13 espingardes montées sur affût. J'ai envoyé à leur poursuite, pour profiter de notre victoire ; je te donnerai un détail plus circonstancié à la première fois, parce que nous sommes encore à la recherche de ceux qui pourraient périr dans les neiges.

« Signé : BADELAUNE.

« Pour copie conforme ;
le général en chef,
Alex. DUMAS.

—

« LIBERTÉ. ÉGALITÉ.

« GASTON, *Représentant du Peuple près l'armée des Alpes, au Comité de Salut Public.*

« Citoyens collègues,

« Livrons-nous à la joye ! Aujourd'hui 5 floréal, à 5 heures du matin, toutes les redoutes du Saint-Bernard ont été enlevées de vive force. Depuis que le monde existe, on n'a pas vu d'action qui fasse plus d'honneur aux Français. Nos braves républicains, ayant à leur tête l'intrépide Bagdelone *(sic)*, ont franchi une des plus hautes montagnes des Alpes. Ils ont gravi sur des rochers presqu'inaccessibles, à travers des neiges, des ravins, des précipices affreux. Enfin, après dix à douze heures de marche, le combat a commencé. Tous les forts des ennemis, fortifiés par l'art et la nature, ont été attaqués presque en même temps. La valeur républicaine a déployé son énergie. Nos héros semblables aux Dieux ont lancé la foudre de toutes parts sur les satellites du tyran de Sardaigne. Leur sang a rougi la neige ; leurs cadavres ont roulé dans des abîmes et la victoire s'est entièrement décidée en notre faveur après une heure et demie de combat. L'étendard de la Liberté flotte sur le sommet des montagnes du St-Bernard. Les cris de vive la République, vive la Convention, vive la Montagne, se sont fait entendre. Le général Dumas, son adjudant-général Espagne, son secrétaire Laffont et moi, avons été témoins de cette fête ; nous avons serré dans nos bras nos braves frères d'armes ; nous avons mêlé nos larmes de joye à celles de tous ces héros.

« *J'ai nommé Bagdelone général de Division sur le champ de bataille ;* il méritait bien cet acte de reconnaissance et j'espère que la Convention s'empressera de le sanctionner. Il est des actions d'éclat à récompenser, des traits d'héroïsme à buriner dans l'histoire de la Révolution. Le général vous en fera passer les détails, et je ne doute pas que la République ne déploye dans cette circonstance toute sa générosité.

Notre perte consiste en quelques hommes tués et 60 blessés.

« Nous avons pris à l'ennemi 20 pièces de canon de différents calibres avec leurs affûts et outillements nécessaires, des obusiers, 13 à 14 spingoles et plus de 200 fusils. Nous lui avons fait plus de 200 prisonniers. Voilà à peu près l'analyse des avantages remportés dans cette mémorable journée. Dans quelque temps, je vous ferai passer des détails plus circonstanciés. Nos troupes sont à la poursuite de l'ennemi ; on nous assure qu'elles se sont déjà emparées de la Thuile.

« Salut et amitié.

« GASTON.

« 5 floréal, aux fameuses redoutes du St-Bernard.

« *P.-S.* — La Thuile est à présent en notre pouvoir. Cent Piémontais ont mordu la poussière. Les ennemis brûlent tous leurs villages, à mesure qu'ils les évacuent. Nos frères d'armes ont éteint le feu des magasins de la Thuile. Ils renferment un immense butin. »

« *Note non signée et non datée des archives de Breil.*

« A la première retraite de la Savoie, on occupa les anciens retranchements du petit Saint-Bernard. On y tint une garde pendant l'hiver, fournie par la troupe cantonnée à l'hospice, qui était relevée par les troupes en quartier d'hiver le long de la vallée.

« Au commencement de la campagne

de 1793, on occupa le mont Valézan, à la gauche du col et celui de la butte de la Commune, ainsi que le plateau de la montagne du dit col ; le tout fortifié par de grands retranchements et une multitude de baracons pour abriter les troupes, ce col ne permettant point de camper à cause des neiges et des tourmentes. Les neiges n'y fondent entièrement qu'au mois d'août.

« Le mont Valézan est un rocher escarpé vers la vallée d'Aoste, où l'on pratiqua un chemin de l'hospice, pour la communication. Du côté de la Savoie, il est moins rude. C'est par là que les Français le surprirent, le 18 avril 1794. Comme, bien souvent, le temps ne permettait pas de communiquer avec le mont Valézan, on l'avait pourvu d'un magasin de vivres pour 15 ou 20 jours.

« Le jour auparavant de l'attaque du 18 avril, les Français firent une démonstration vers la butte de la Commune, qu'on gardait comme le mont Valézan. La surprise eut lieu dans la nuit.

« Après que les Français eurent occupé le Saint-Bernard, les troupes cantonnées ou en quartier d'hiver se replièrent d'abord aux retranchements du prince Thomas, où, attaqués vigoureusement, ils se replièrent jusqu'à Rochetaillée, d'où ils vinrent à Saint-Pierre, village à deux heures au-dessus de la cité d'Aoste, où M. le duc de Montferrat joignit ses troupes après Pâques (1).

« Dans la nuit après son arrivée, ayant tenu conseil de guerre, on résolut de faire retirer les troupes à Quart, village à environ

(1) En 1794, Pâques était le 20 avril.

une heure au-dessous de la Cité, qui resta abandonnée au pillage de la canaille. Les Français cependant ne s'avancèrent en patrouille que jusqu'à Villeneuve, à deux heures et demie de la Cité, qui requit qu'on lui envoyât des troupes pour faire cesser le désordre. Le prince y envoya camper un bataillon de grenadiers aux portes de la ville et l'on en fit évacuer les magasins abandonnés. »

On aura remarqué, dans le rapport plein d'un enthousiasme lyrique du représentant Gaston, le passage où il annonce qu'il a nommé Badelaune général de division sur le champ de bataille : « Il méritait bien cet acte de reconnaissance, ajoute-t-il, et j'espère que la Convention s'empressera de le sanctionner. » Badelaune fut, en effet, confirmé dans son nouveau grade par un décret de la Convention en date du 12 floréal (1er mai 1794).

III

A ce moment, il était en Maurienne où l'avait appelé, avec 2,000 hommes, le général Dumas qui voulait faire tenter de nouveau l'attaque du Mont-Cenis. Le général Voillot était venu de Cluses avec un bataillon pour garder, avec le reste de la brigade de Tarentaise, le Petit-Saint-Bernard et les postes d'observation nouvellement occupés dans la vallée d'Aoste.

Badelaune résolut de conserver, pour enlever les lignes du grand mont Cenis, à peu près les mêmes dispositions qu'avait prescrites Sarret. Seulement, le général Dumas fit faire, dans la haute vallée de la Durance, des mouvements offensifs qui attirèrent l'attention de l'ennemi au point que ses postes du Mont-Cenis se trouvèrent réduits en nombre le jour même de l'attaque.

Celle-ci commença le 14 mai (25 floréal) dans la nuit, à 1 heure du matin.

« Tandis que 300 hommes se déploient en tirailleurs, d'un côté et de l'autre du chemin de la Ramasse, à la lisière de la forêt, pour attirer l'attention de l'ennemi, 1,500 hommes formés en deux colonnes, sous les ordres du capitaine Herbin, gagnent à droite les bords du ravin de la Madeleine, sans être signalés grâce au brouillard et à l'obscurité de la nuit. Les palissades qui enveloppaient la batterie du Roc et la redoute des Rivets disparaissant sous des monceaux de neige durcie, l'une des colonnes surprend ces deux postes et fait prisonniers leurs défenseurs sans coup férir; les pièces en sont aussitôt retournées contre le Villaret qui répond par un feu mal ajusté. La seconde colonne continue à s'avancer, par le vallon de la Madeleine, vers le pas de la Beccia afin de redescendre et prendre à revers les défenseurs du mont Froid et du petit mont Cenis qui devaient être attaqués de front. Pendant ce temps, le capitaine Herbin reforme ses troupes, laisse un détachement aux Rivets et se dirige vers le col du mont Cenis.

« Ce mouvement avait pour effet de tourner, par sa gauche, le poste de la Ramasse au moment même où Badelaune, suivant avec 3,700 hommes l'itinéraire reconnu le 6 avril, attaquait sur sa droite l'ouvrage des Arsellins et menaçait la gorge de la redoute de Villaret. Le commandant du poste de la Ramasse, le capitaine Magni, se hâta de se replier sur le col où, selon les instructions reçues, il espérait trouver des renforts et couvrir ses flancs par deux détachements attendus. Mais le premier de ceux-ci, craignant d'être enveloppé par les deux colonnes du capitaine Herbin, s'était porté vers le petit mont Cenis ; et le second s'était enfui en voyant arriver, sur un rocher plus élevé, quelques éclaireurs du bataillon des grenadiers de Paris que Badelaune avait détachés vers Grand'Croix sous les ordres de l'adjudant-général Camin. Néanmoins, grâce au brouillard, le capitaine Magni parvient à devancer cette colonne et à rejoindre la réserve à Grand'Croix avec les débris de sa troupe.

« En ce point, un retranchement armé de deux pièces de 8 avait été préparé pour protéger la retraite qui devait se faire par les défilés de l'Escalier et de la descente sur la Ferrière. Mais la panique est si grande que les Piémontais ne s'y arrêtent pas, et les canons servent aux républicains qui poursuivent les fuyards jusqu'à Novalaise. Le mouvement dirigé contre le petit mont Cenis réussit, et les troupes qui s'y trouvaient sont obligées de s'échapper par le vallon de Savines et le col du Clapier.

« Plus de 500 prisonniers, des canons, des munitions, des magasins de toute espèce constituaient les trophées de cette victoire (1). »

Le récit que l'historien Carlo Botta a fait de la prise du mont Cenis est sans doute d'allure plus dramatique que celui-ci, mais peut-être moins exact dans bien des points, en ce qui concerne le général Dumas, par exemple. Dumas ne fit qu'assister aux opé-

(1) *Campagnes dans les Alpes*, 2e vol.

rations de la colonne du capitaine Herbin. Toutefois, il n'est pas inutile de citer ici la conclusion de Botta :

« ... Ainsi les défenses élevées sur la frontière extrême de l'Italie tombèrent entre les mains des Français ; ce n'est point que la valeur italienne n'y ait brillé d'un vif éclat, et l'on convient que les Italiens auraient maintenu l'équilibre de la balance s'ils n'avaient eu à résister qu'à la bravoure. Mais que peut la valeur seule contre la valeur et l'enthousiasme réunis ? »

Voici les principaux documents que l'on possède au sujet de cette victoire de Badelaune. Tout d'abord, le rapport fait par le capitaine Magni dont on a vu plus haut le rôle (1).

« Archives de Breil. Mai 1794.

« *Rapport d'une partie de l'affaire de la prise du mont Cenis, le 13 mai 1794, du capitaine* MAGNI, *du régiment de Savoie.*

« Commandant à la Ramasse, le 13 du courant, je fis demander à 11 heures et trois quarts du soir le caporal Tailleur, de la 2e grenadière du Chablais, commandé de patrouille pour minuit à deux heures. Je lui ai donné son instruction sur la manière de la faire, et un milice pour guide.

(1) *Campagnes dans les Alpes*, 2e vol.

« A peine hors de ma chambre qu'il entendit des coups de fusil que j'avais ouï moi-même. J'en sortais lorsqu'il revint me le confirmer, en me disant qu'il ne pouvait m'assurer si c'était au Rivet ou à la Barrière qu'on les avait tirés. J'ordonnai qu'on battît immédiatement la générale, et aux officiers d'artillerie de se rendre à leur poste. A l'arrivée des contingents de troupe cantonnés à la Ramasse, j'en envoyai une partie renforcer la Barrière sous les ordres d'un capitaine, de même qu'une demi-compagnie de grenadiers de Genevois et autant de celle de Maurienne au Villaret, poste que commandait M. de Chamoux. Je partis à l'instant pour celui du Mollard-Crochet, où j'ordonnai à M. Delaire avec 50 volontaires de gagner les hauteurs du Rivet, où j'entendais de temps à autre quelques coups de fusil. Mais, étonné que le canon de ce poste ne jouât pas, j'y envoyai une ordonnance qui eut à peine descendu le Mollard-Crochet qu'elle rencontra le chevalier Bruneri d'artillerie, qui venait m'annoncer que les postes et batteries du Rivet étaient au pouvoir de l'ennemi. Cet événement ne m'a pas absolument alarmé, espérant que celles des postes supérieurs de la droite empêcheraient l'ennemi de pénétrer au-delà de notre flanc gauche, deux compagnies de pionniers occupant surtout cette hauteur, et la nuit étant très obscure, avec de la neige et du brouillard. Je pouvais d'autant m'en flatter, que la vivacité du feu de nos batteries parut avoir obligé l'ennemi à se replier derrière l'arête du rocher qui est à ce poste.

« Dans cet intervalle, M. Dellere m'envoya dire qu'une forte colonne ennemie dirigeait sa marche sur la gauche de la Magdelaine, et le marquis d'Arvillard, qui commandait aux Arsellins, m'écrivit un billet pour m'aviser que l'ennemi avait attaqué les postes de sa droite, en me demandant deux cents cartouches de spingarde, que je lui expédiai immédiatement par des milices.

« Je donnai avis de ces événements au marquis de Saint Georges, demandant du renfort à maintes reprises, et lui fis dire que ma situation exigeait sa présence ; il m'arriva 29 hommes.

« M. d'Antrèves, du régiment d'Ivrée, que j'avais détaché pour gagner les hauteurs de la Tura avec un contingent de troupes de renfort aux pionniers, revint en m'assurant qu'il n'avait pu y arriver. Je reçus un second billet du marquis d'Arvillard, demandant du renfort, une colonne ennemie cherchant à pénétrer sur la droite. Je fis repartir M. d'Antrèves pour les Arsellins avec un contingent de troupes. Le brouillard s'étant élevé un instant, nous vîmes paraître la tête de la colonne ennemie au-dessus de l'extrémité de la palissade du Rivet, qui longeait la côte de cette montagne, très vite et à grands cris ; la vivacité du feu de notre artillerie ne retarda nullement sa marche ; au point que cette colonne était déjà à l'autre extrémité de la montagne et par conséquent de beaucoup au-delà des postes de notre ligne de défense. J'ai eu l'honneur d'en informer le marquis de Saint-Georges. Mais, l'instant d'après, une ordonnance expédiée par le marquis d'Arvillard m'informe que la colonne ennemie avait pénétré au-delà des Arsellins. Dans cette alarmante position, nos postes n'étaient plus tenables ; l'officier d'artillerie n'ayant plus de munitions, a été de mon sentiment, de même que M. Durgion, capitaine des grenadiers du régiment de Chablais ; l'un et l'autre peuvent l'attester.

« Je crus donc de mon devoir de faire avertir M. de Chamoux que je me repliais sur la Coupe-d'Or (1), comme il était prescrit dans les instructions que, par ordre du général, M. le comte de Clermont avait fait passer à tous les postes ; de ce dont j'ai prévenu la veille tous leurs commandants.

« En approchant de ce point de réunion, où je ne trouvais qu'un faible peloton de troupe, nous entendions des cris épouvantables que jetait la colonne qui avait longé la montagne de la Tura. Je jugeai pour lors de me jeter sur ma gauche, pour y prendre une position plus élevée et y attendre les autres postes avancés, lorsque de semblables cris se firent entendre de ce côté et très près de nous. Convaincu pour lors que la colonne ennemie qui avait gravi la montagne des Arsellins longeait celle de la Mait pour couper ma retraite, je déterminai d'aller aux Tavernettes, espérant y joindre les troupes que je croyais trouver à la Coupe-d'Or. Ce fut à travers le feu de l'ennemi et favorisé par le brouillard le plus épais que j'y arrivai et ne trouvai même plus les habitants.

« Convaincu pour lors que les troupes de seconde ligne avaient pris poste à la

(1) Le col même du grand Mont-Cenis.

grande Croix pour y faire tête à l'ennemi, je me déterminai d'y conduire ma troupe et y ai joint M. le marquis de Saint-Georges qui, après avoir détaché un corps pour occuper les retranchements qui devaient protéger la retraite, nous sommes descendus à la Novallèse avec le reste des troupes. Tel est l'exposé que je suis dans le cas de faire de ce fâcheux événement.

« Suze, le ...., mai 1794.

Du 14 Mai 1794 (1)

« Du Mont-Cenis, le 25 floréal,
« l'an II de la République impérissable.

« Dumas, *général en chef de l'armée des Alpes, aux citoyens Représentants du Peuple, composant le comité de Salut Public.*

« Depuis longtemps les dispositions pour l'attaque du Mont-Cenis étaient ordonnées ; nous n'attendions plus qu'un temps favorable pour exécuter nos projets. Informé que l'ennemi avait doublé ses forces sur cette montagne à jamais célèbre, je me portai sur le champ à Briançon ; je formai un système d'une diversion vigoureuse, prolongé sur toute la ligne. Le fort Mirabouc fut attaqué dans la nuit du 21 au 22 par Caire, commandant des chasseurs des Alpes. Après une défense assez soutenue, le gouverneur capitula et sortit avec les honneurs de la

(1) Archives historiques de la Guerre.

guerre, laissant quatre pièces de gros calibres, dix-sept spingardes, une grande quantité de munitions de guerre et 200 sacs de farine. Au moment de la prise de Mirabouc, je me portai avec une division de trois mille hommes dans les riches vallées de Bardonnèche et de Cézanne. Le général de brigade Valette commandait la colonne de droite, et l'adjudant-général Achon celle de gauche ; tous les postes ennemis furent forcés et nous vînmes nous établir à Oulx, que nous occupons dans ce moment. Les Piémontais ont eu dans cette occasion une soixantaine d'hommes tués ou blessés et une trentaine de prisonniers ; ils nous ont abandonné leur artillerie consistant en deux obusiers, plusieurs spingardes, une grande quantité de poudre et de forts magasins en toute sorte de grains. De notre côté, nous avons eu huit blessés et un homme tué. Le soldat français s'est conduit avec intrépidité et héroïsme ! Il a honoré le malheur et partagé son pain avec l'habitant ruiné par le fléau de la guerre !

« Cette expédition terminée, je descendis à travers les précipices du Galibier pour me rendre en Maurienne et exécuter sur le champ l'attaque du Mont-Cenis, dont j'avais chargé le général Bagdelaune. J'approuvai son plan d'attaque ; je le communiquai au Représentant du Peuple Albitte qui s'était transporté à Saint-Jean pour concerter avec moi diverses opérations. Nous nous rendîmes ensemble à Lanslebourg, d'où nous gravîmes la fameuse montagne. Déjà, le signal du combat était donné ; des torrents de feu roulaient sur nos braves frères d'armes. La colonne de droite sous les ordres du brave Herbin, capitaine des grenadiers du 23e Rég. d'Infrie s'empare aux cris de vive la République ! de la redoute des Rivets. Les bouches à feu sont tournées contre l'ennemi ; je fais battre le pas de charge ; la bayonnette en avant, nous enlevons toutes les redoutes ; les colonnes de gauche, sous les ordres de Bagdelaune et de l'adjudant-général Camin, par des précipices horribles tournaient l'ennemi. Nous fîmes notre jonction et les Piémontais, fuyant devant les Français vainqueurs, abandonnant leur superbe et nombreuse artillerie, leurs équipages et des magasins considérables en munitions de guerre, en farine, etc., ont été poursuivis avec une ardeur impétueuse trois lieues au-delà du Mont-Cenis, et nous nous sommes arrêtés au bourg de Ferrière et de Novalaise, où j'ai établi nos avant-postes. Jamais victoire ne fut plus complète ; nous avons fait huit à neuf cents prisonniers, tué beaucoup de monde, et notre perte, chose incroyable, ne se porte qu'à sept ou huit morts et une trentaine de blessés ! Je joins ici le rapport particulier de chaque commandant de colonne (1). L'Europe étonnée apprendra avec admiration les hauts faits de l'intrépide armée des Alpes.

« Vive la République et la Victoire.

« *Alex.* DUMAS. »

(1) Il n'existe plus aux Archives de la Guerre que le rapport de Badelaune publié ci-après,

« *Rapport du général* BADELAUNE *au général* DUMAS, *commandant en chef de l'armée des Alpes.*

« Du Mont-Cenis,
« ce 25 floréal, l'an II de la Rép. française.

« Citoyen général,

« Je te fais part que nous avons attaqué cette nuit les redoutes du mont Cenis suivant le plan que je t'ai communiqué hier. J'avais en conséquence ordonné quatre colonnes qui devaient se porter, savoir : les deux de droite, fortes de 1.500 hommes du 23e régiment et de la Légion des Alpes, sur la redoute du Rivet et de la Ramasse. Je commandais celles de gauche ; la première, forte de 3,700 hommes, devait passer entre les deux redoutes de droite, de nuit, prendre à mi-côte la montagne qui domine Malacrochet (1) et tourner tous les ouvrages du Mont-Cenis ; une de 300 chasseurs amusait de front en tirailleurs tous ces postes, pour attirer les regards de l'ennemi sur cette partie. La plus grande précision a été observée et nous a parfaitement réussi. J'ai fait partager ma colonne sur le sommet de la montagne ; une partie commandée par l'adjudant-général Camin avait ordre de se porter sur la poste et la grande Croix, et intercepter la retraite de l'ennemi, et l'autre partie de la colonne, composée de la division de Tarentaise et d'un détachement du bataillon de Paris, a pris les redoutes de droite en revers, a fait des prisonniers et poursuivi l'ennemi. Tu étais présent aux opéra-

(1) Badelaune veut ainsi désigner les Arsellins.

tions de la colonne de droite, tu peux en donner le rapport le plus favorable. Toutes les troupes se sont comportées en héros.

« Ci-joint le rapport (1) de la fausse attaque du petit mont Cenis faite par le citoyen Giraud, commandant du 1er bataillon des Basses-Alpes.

« Vive la République.

« Badelaune. »

En rapprochant ce rapport du précédent, on apercevra peut-être, dans le récit du général Dumas, une intention de ne pas reconnaître à son subordonné la part entière qui lui revenait dans la prise du Mont-Cenis. Ce sentiment de jalousie, s'il n'est encore qu'indiqué, s'affirmera bientôt car nous le trouverons nettement indiqué par des tiers. Pour le moment, rappelons, d'après les documents qui précèdent, les résultats matériels de la victoire du Mont-Cenis : plus de 500 prisonniers de guerre, des canons, des armes, des munitions, des magasins de toute espèce. Mais l'importance de cette victoire était encore plus grande au point de vue moral qu'au point de vue matériel, car les deux armées des Alpes et d'Italie, entièrement maitresses de la crête des Alpes et des Apennins, pouvaient com-

(1) Ce rapport n'existe pas aux Archives de la Guerre.

biner leurs opérations et descendre dans le Piémont avec une incontestable supériorité.

Tel était, du reste, l'objectif du Comité de Salut Public qui avait pris, avant la victoire du Mont-Cenis, un arrêté dont le premier article était ainsi conçu :

« L'armée des Alpes et celle d'Italie agiront de concert, autant qu'il sera possible, dans leurs mouvements contre le Piémont. »

Et cet arrêté était envoyé avec la lettre suivante de Carnot :

« Du 19 floréal,
« an II de la République une et indivisible.

Le Comité de Salut public aux représentants du Peuple près l'armée des Alpes.

« La nécessité, chers collègues, de faire agir l'armée des Alpes de concert avec celle d'Italie, nous a forcé de prendre l'arrêté dont nous vous envoyons copie ci-jointe. Nous vous invitons au nom du salut de la chose publique, de lui donner son exécution. Nous tâcherons de remplacer votre cavalerie par d'autres corps de cette arme tirés de l'armée du Rhin. Le succès des opérations de l'armée des Alpes sur le petit Saint-Bernard nous inspire beaucoup de confiance dans les généraux qui en ont la conduite, et nous fait espérer que le Mont-Cenis sera bientôt en notre pouvoir, s'il ne l'est pas déjà. Nous nous reposons entièrement de nos succès sur cette partie de nos frontière sur votre sagesse et sur votre énergie républicaine. « CARNOT. »

IV

La nouvelle de la prise du Mont-Cenis fut apportée au Comité de Salut public par un officier d'état-major qu'y avaient envoyé les représentants en mission à l'armée des Alpes. Albitte et Laporte, parce qu'ils l'avaient en même temps chargé d'exposer leurs projets contre le Piémont, lesquels nécessitaient le concours de l'armée d'Italie et rentraient, par conséquent, dans les vues du Comité. Carnot leur répondit, le 22 mai (1):

« Du 3 prairial,
« an II de la République une et indivisible.

Le Comité de Salut public aux représentants du peuple près l'armée des Alpes.

« Gloire aux vainqueurs du Mont-Cenis et du Mont-Saint-Bernard ; gloire à l'invincible armée des Alpes et aux Représentants qui l'ont guidée dans le chemin de la victoire!

(1) Archives historiques de la Guerre.

Nous n'entreprendrons point, chers collègues, de vous peindre l'enthousiasme qu'ont produit ici les évènements majeurs que vous nous annoncez. Continuez de plus en plus à resserrer le roitelet des marmotes. Le brave d'Espagne nous a fait part de vos vues sur Pignerol et le fort d'Exiles pour la continuation des opérations de la campagne; elles sont sages; et nous en attendons le plus heureux succès. Nous nous en reposons sur vous avec la plus grande confiance, et sur l'énergie et les talents du brave général Dumas.

« Salut et fraternité.

« CARNOT. »

Dans le projet du Comité de Salut public, l'armée d'Italie devait envahir les Etats Sardes en les tournant par les Alpes-Maritimes, et son mouvement devait être favorisé par l'armée des Alpes descendant directement en Piémont. C'est dans cette intention que la campagne avait été commencée de très bonne heure, car l'expérience du siège de Coni, pendant la guerre de la Succession d'Autriche, montrait que le mois de juillet est déjà trop avancé dans l'année pour entreprendre des hostilités de ce genre. Or, au 1er juin, voici quels étaient les postes occupés par l'armée des Alpes : le premier pas était fait.

« *Etat des postes avancés occupés par l'armée des Alpes à l'époque du 12 prairial* (1).

« Badelaune, général divisionnaire.

« Brigade de Tarentaise, général *Richon*: Saint-Didier, Cormayeur, La Thuile, Retranchements Prince-Thomas, Petit-Saint-Bernard, Sainte-Foy.

« Brigade de Morienne, général *Simiain:* Beyssand, Grand-Croix sur le mont Cenis, le petit mont Cenis, Lanslevillard, la Poste, Bramans.

« Pellapra, général divisionnaire.

« Brigade des vallées conquises d'Oulx, Bardonnèche et Cézane, général *Vallette:* Bardonnèche, Oulx, Cézane, Côte Plane, Château-Queyras, Villeneuve, Fenils, Salbertrand, la Clapière, Sestrières, Mirabouc, le Prat.

« Brigade de la vallée de Barcelonnette, général *Vaubois*: Tournoux, Meyronne, l'Argentière, les Glaizolles, l'Arche, les Barraques.

« Pouget, général divisionnaire.

« Faucigny, général *Ravier:* Chamonix, Notre-Dame de la Gorge, Saint-Gervais.

« A Grenoble, le 12 prairial, an II de la République Française, une et indivisible.

« Signé : Dumas,

« *Général en chef de l'armée des Alpes.* »

(1) *Campagnes dans les Alpes*, 2e vol.

Malheureusement on perdit du temps. Il fallut envoyer des renforts sérieux à l'armée du Rhin, et attendre qu'on les eût récupérés par le secours d'une réquisition extraordinaire. Pendant ce temps, les troupes austro-sardes se réorganisaient et essayaient de reprendre l'offensive, à titre de diversion, partout où il serait possible. Au commencement de juin, le duc de Montferrat reprend l'offensive dans la vallée d'Aoste, avec 16 bataillons, c'est-à-dire 5,000 hommes au moins, sans compter la cavalerie, ni l'artillerie.

V

Badelaune, revenu du Mont-Cenis au Petit-Saint-Bernard, n'a que quatre bataillons sous ses ordres, formant un effectif de 3,000 hommes au plus ; ce sont : le 6e de l'Ain, 721 hommes, à la Gollette : le 5e Rhône et Loire, 706 hommes, à Pallusieux ; le bataillon de Louhans, 907 hommes, à Sainte-Foy; et le 6e de la Côte-d'Or, 571 hommes, à la Thuile ; enfin, 80 grenadiers du bataillon de la Montagne sont à Pré-Saint-Didier ; et au total, il faut ajouter 150 artilleurs. Le bataillon de Louhans est immobilisé pour couvrir Badelaune du côté du col du Mont dont il n'avait pu s'emparer ; il n'a donc que 2,000 hommes répartis et disséminés dans les autres postes.

Le poste de Pallusieux est le premier refoulé par l'ennemi qui s'établit facilement ensuite dans les retranchements du Prince-Thomas. Le quartier-général est porté à Morgex, et le duc de Montferrat fait occuper la redoute de Planpra et conduire du canon jusqu'au-dessus de la Thuile que les Républicains sont obligés d'abandonner, ainsi que la Gollette. Une certaine inquiétude s'était répandue dans le pays menacé, et surtout dans le Faucigny qui, dégarni de troupes, pouvait redouter avec quelque raison une invasion comme celle qu'il avait subie en 1793. On en trouve la trace dans une lettre écrite par l'agent national du district de Cluses à Dubouloz, représentant du Mont-Blanc, et que ce dernier transmit à Carnot :

« *Copie de la lettre de* Dufresne, *agent national, datée de Cluses le 5 messidor, an II* (1).

« Par ce que j'ai pu apprendre de Helflinger (2) avec qui je suis en correspondance, nous n'avons rien à craindre du rassemblement des émigrés en Valais, dont on cherchait à nous faire peur ; quoique soutenus par quelques aristocrates en place, ils sont bafoués par le peuple. *La neutralité du Valais est assurée.* Cependant l'ennemi est toujours en force dans le Val d'Aoste et paraît ne pas vouloir renoncer à ses projets

(1) Archives historiques de la Guerre. — Cette lettre est postérieure de six jours au succès remporté pour la seconde fois par Badelaune au petit Saint-Bernard, succès qui avait mis fin à la campagne de 1794 en Savoie. On peut être surpris que Dufresne n'en eût point encore connaissance, ni Dubouloz non plus dix jours plus tard à Paris.

(2) Il était résident de France en Valais.

d'attaque. Nous avons peine à obtenir des renforts. Demain, il doit passer de Mégève à Conflans un bataillon de l'Ain. Nous resterons par ici avec un millier d'hommes qui, utilement placés et avec les braves patriotes du pays, pourront suffire à notre défense. Mais les forces sont insuffisantes pour que le brave général Pouget puisse agir par le Bonhomme et l'Allée-Blanche et seconder les efforts incroyables que l'intrépide Badelaune et ses frères d'armes font pour se maintenir sur le mont Saint-Bernard

« Tous les patriotes et les Sociétés populaires n'oublient rien pour déterminer les Représentants et le général Dumas à nous envoyer des forces capables de réprimer la témérité sarde. La surveillance n'en est pas moins active et ça ira. *Il parait que nous ne devons nos inquiétudes qu'à la jalousie du général Dumas qui voudrait affaiblir la réputation de Badelaune;* en affaiblissant sa division, il a compromis évidemment la sûreté de la République dans cette partie. Mais ce *puissant mulâtre* est surveillé de près par les braves représentants et les patriotes. Nous comptons surtout beaucoup sur les lumières d'Albitte, qui prenant fort à cœur nos intérêts et la gloire de la République, prendra toutes les mesures nécessaires pour opérer le bien, etc. »

« Paris, le 14 messidor, 2e républicaine.

« Citoyen collègue,

« Tu vois de plus en plus la nécessité de chasser l'ennemi de la Val d'Aost, d'où il peut inquiéter nos postes du Mont-Bernard, le Bonhomme et l'Allée-Blanche ; il y faut dans ces parties du renfort, et écarter nécessairement le général Dumas qui parait contrarier Badelaune, si cependant c'est l'avis d'Albitte qui se trouve sur les lieux et plus à portée de juger des faits. Trop longtemps, la République a été victime des divisions de ceux sur qui elle avait fondé ses espérances.

« Tu voudras bien peser le tout dans ta sagesse et en référer au Comité.

« Salut et fraternité.

« DUBOULOZ, *député.* »

Précédemment, le Comité de Salut Public avait reçu déjà des avertissements du même genre sur la situation, devenue critique, de Badelaune au Petit-Saint-Bernard; l'agent national à Chambéry lui avait envoyé la lettre suivante où l'on verra que Badelaune avait résolu de se défendre avec la dernière énergie :

DÉPARTEMENT
DU MONT-BLANC
DISTRICT DE CHAMBÉRY

EGALITÉ — LIBERTÉ

« Chambéry, le 1er messidor, an II de la République française une, indivisible et démocratique.

« *L'agent national près le district de Chambéry aux citoyens représentants du peuple, composant le Comité de Salut Public.*

« Citoyens représentants,

« Par ma lettre du 27 prairial, je vous donnais des détails sur la situation de l'armée du Saint-Bernard. Ceux reçus depuis lors nous annoncent que le Saint-Bernard est attaqué de tous côtés, et qu'il y a des postes de forcés. L'ennemi a attaqué avec force et a fait quelques prisonniers au général Richon, qui craint d'être forcé de quitter les redoutes du Montvalaisan et conséquemment le Saint-Bernard. L'état-major s'est porté de suite sur nos différents postes pour faire passer du renfort du côté du Chappieu. La colonne du Miroir (1) a vu, dans la nuit, descendre l'ennemi au nombre de mille. Le commandant demande qu'on renforce le poste, vu que le petit nombre de troupes qui y est placé est insuffisant pour le garder, étant obligé de les diviser sur différents points. Il ajoute qu'Alméras vient de découvrir une gorge abandonnée d'où l'ennemi peut descendre : on a tout disposé pour y établir un petit camp.

« Badelaune pense qu'après une résistance terrible on sera peut-être obligé de se retirer sur le détroit du Ciel (2) ; cependant les ordres ont été donnés de se battre jusqu'à la mort sur le Petit-Saint-Bernard et de tenir bon partout ailleurs.

« Dans cet état de choses, tous les patriotes sont debout et surveillent. Les Jacobins viennent de députer deux de leurs membres à Briançon, auprès des représentants près l'armée des Alpes, pour leur faire part de ces événements. Ils ont encore envoyé deux commissaires dans chacun des districts

(1) Un détachement du bataillon de Louhans occupait le poste du Miroir, du côté du col du Mont.

(2) L'Etroit du Ciel, entre Aime et Moûtiers, dont il a été question déjà dans la campagne de 1793.

d'Arc, de Montralin, de Cluses et d'Annecy, pour rassurer les patriotes, maintenir l'esprit public dans toute sa vigueur et déjouer les malveillants.

« Salut et fraternité.

« Morel. »

« *P.-S.* — Au moment où je finis ma lettre, nous apprenons que notre situation vient de changer entièrement. Les deux lettres du général Badelaune dont je vous transmets ci-joint l'extrait vous instruiront des succès que nous venons d'obtenir. Vous y verrez que l'ennemi a appris ce que peut la valeur républicaine. »

Voici en effet ce qui s'était passé. Le duc de Montferrat, enhardi par les premiers succès qu'il avait obtenus, fait attaquer le Petit-Saint-Bernard, le 18 juin, par quatre colonnes. Celle de droite, partie du lac de Combal, devait gagner les hauteurs à la gauche des Français, et les longer pour gagner l'hospice et prendre le poste de ce côté. La colonne de gauche (1), partant du col du Mont, devait passer dans la vallée de Tignes et attaquer à revers le Mont Valezan. Mais il arriva que, par suite de la longueur du trajet, de la difficulté de la marche, celle-ci ne put rejoindre en temps voulu le lieu de l'action. Il en fut de même d'une troisième colonne qui, partie des

(1) Elle était commandée par X. de Maistre qui avait d'ailleurs fait aussi la campagne précédente.

retranchements du Prince-Thomas, devait tourner les Républicains par leur droite. Enfin une quatrième colonne, dite du centre, partie également des retranchements du Prince-Thomas au milieu de la nuit, s'avança jusqu'à la grand-garde placée au Pont Serrand, pour attaquer ensuite la butte des Eaux-Rouges et le camp républicain. Sa présence fut signalée, dans la nuit, par les sentinelles ; à leur « qui vive », on répondit, de la colonne « 6e de l'Ain ». Grâce à cet artifice, l'attaque eut un plein succès et les troupes républicaines abandonnèrent leur camp, d'autant que la colonne de droite commençait à arriver. Le camp fut mis au pillage, les Piémontais se débandèrent et comme ils trouvèrent des tonneaux d'eau-de-vie laissés dans les magasins, ils bornèrent là le cours de leurs succès. Pendant ce temps, Badelaune avait rallié ses troupes ; jugeant le moment des plus favorables il charge avec son intrépidité et sa fougue ordinaires un ennemi qui n'oppose plus de résistance et s'enfuit précipitamment. Le Petit-Saint-Bernard était sauvé.

Dès la première alerte de la nuit, Badelaune avait demandé des renforts en écrivant au général Dours, à Chambéry, la lettre suivante (1).

(1) Archives historiques de la Guerre.

« Le Saint-Bernard est attaqué de tous côtés et peut être à l'instant forcé; fais passer sur le champ des troupes en Tarentaise, en Faucigny; elles se porteront de suite au col du Bonhomme.

« Nargue-Sarde (1), le 30 prairial.

« Signé : BADELAUNE. »

Dans le cas, en effet, où Badelaune aurait dû battre en retraite, il se serait retiré par la Tarentaise, comme en 1793, et le passage dans le Faucigny, insuffisamment gardé, eût été ouvert comme il l'avait été l'année précédente. Si peu aisé que fût le col du Bonhomme, des troupes et même de l'artillerie y avaient déjà passé. Le général Dours reçut la lettre à dix heures du soir; il en envoya aussitôt copie au général en chef et aux représentants du peuple, en ajoutant.

« Je viens d'écrire au général Pouget pour l'inviter à y faire passer Mayenne et Loire qui doit se trouver en route et je l'invite aussi à marcher en force lui-même au col du Bonhomme. Notre brave Herbin est arrivé ici; il part demain de grand matin pour se rendre au Mont-Cenis à tire d'aile. Je pense que d'après l'état de situation où se trouve le Mont-Cenis, nous devons être

(1) Les communes de Savoie qui portaient des noms de saints changèrent de dénomination à la Révolution. Bourg-Saint-Maurice devint Nargue-Sarde; Moûtiers, Mont-Salin; Saint-Jean-de-Maurienne devint Arc, comme Bonneville, Mont-Môle.

tranquilles de ce côté. Je partirai d'ici au premier avis et en attendant, je ferai passer toutes les munitions de guerre que pourront me demander Badelaune et Pouget.

« Si tu peux envoyer un bataillon en Maurienne, ne fusse que de réquisition, nous le placerions depuis Lanslevillard jusqu'à Tignes et, en cas de besoin, nous pourrions le verser en Tarentaise. Si j'en avais eu à ma disposition, je les aurais fait partir de suite.

« Signé : Dours. »

Le général Dours prenait, sans aucun doute, les mesures les plus efficaces qu'il lui fût possible de prendre ; mais ces mesures avaient en elles-mêmes un vice sérieux, c'était d'arriver trop tard ; car, si le Petit-Saint-Bernard n'avait été repris par Badelaune, l'ennemi aurait passé le col du Bonhomme avant que le général Dours eût commencé d'écrire ses instructions, et envahi le Faucigny avant que celles-ci y fussent parvenues. Une fois de plus, l'expérience aurait montré que rien ne sert de courir, il faut partir à temps.

Fort heureusement, Badelaune pouvait écrire, ce même jour, les deux nouvelles lettres qui suivent (1) :

(1) *Campagnes dans les Alpes*, 2e vol. — *Un régiment provincial*, page 167.

« *Au général* Dours,

« Je te fais part, mon cher camarade, qu'après avoir été chassé ce matin de nos avant-postes, nous avons, après le combat le plus opiniâtre, bien battu nos ennemis et chassé au-delà de la Thuile.

« A Nargue-Sarde, le 30 prairial.

« Signé : Badelaune. »

« A Favre-Buisson (1),

« Après avoir été frotté ce matin, nous avons chassé et rossé nos ennemis d'importance ; il y a beaucoup de monde de blessé de part et d'autre

« Le colonel marquis de Chamosset tué, un adjudant-général pris et blessé, plusieurs majors, cavalerie et infanterie, capitaine, officiers et soldats prisonniers.

« J'aurai le plaisir de vous faire passer cette clique à Chambéry au plustôt. Fais-en part à Annecy.

« 30 prairial.

« Signé : Badelaune. »

« *P.-S.* — De la vie, je n'ai passé une aussi mauvaise journée ; mais j'en suis bien récompensé. »

Restées maîtresses du Petit-Saint-Bernard, les troupes de Badelaune sont bientôt renforcées d'un bataillon et leur effectif porté à 5,000 hommes. L'état de situation de l'armée des Alpes à la date du 2 messi-

(1) Il était accusateur public à Chambéry.

dor an II (20 juin 1794), porte le détail suivant relatif à la 2e division (1) :

« 2e division. — Général Dours,
« à Chambéry.
« Tarentaise :
« Général de division Badelaune, à Moûtiers.
« Général de brigade *Voillot*,
« au Petit-Saint-Bernard.
« Adjudants-généraux :
« *Alméras*, *Chambaud*, *Boyer*.

8e Isère (Bessans).........		953 prés.	1,012 effect.
4e Ain (Petit-St-Bernard, la Thuile)........		1,025 »	1,087 »
5e Rhône et Loire	id.	706 »	1,073 »
6e Ain...........	id.	721 »	1,064 »
6e Côte-d'Or.......	id.	571 »	1,073 »
Détachés dans div. postes		944 »	
		4,920 prés.	5,309 effect.

« Maurienne :
« Général de division Dec[illegible]laye, à Saint-Jean.
« Général de brigade *Simien*,
« au Mont-Cenis.
« Adjudants-généraux : *Rey*, *Camin*, *Herbin*.

1er bat. des Alpes (Mt-Cenis)		775 prés.	910 effect
1e bat. franc de la Rép.	id.	655 »	858 »
1er bat. de Paris.......	id.	842 »	1,085 »
4e artillerie....... (Bramans, Mt-Cenis).		35 »	39 »
1er artillerie...........	id.	67 »	70 »
Détaut de sapeurs (Mt-Cenis)		87 »	87 »
Guides à pied..........	id.	43 »	56 »
		2,504 prés.	3,105 effect

(1) *Campagnes dans les Alpes*, 2e vol.

Une première position défensive est choisie et fortifiée à hauteur de la Tête du Chargeur, appuyée, à gauche, à un ravin infranchissable ; en arrière, à droite et à gauche de l'hospice, des baracons et des batteries couvertes sont préparés pour servir de réduits et de postes pendant l'hiver. De leur côté, les Piémontais conservent les positions du col du Mont, des retranchements du Prince-Thomas et de l'Allée-Blanche, et ils en perfectionnent les défenses. On reste ainsi en observation jusqu'à la fin de la campagne.

Au sujet de cette attaque du Petit-Saint-Bernard, les archives de Breil possèdent la pièce suivante (1) :

« Les Français surprirent le Saint-Bernard le 18 avril, en prenant le mont Valezan, gardé par un détachement de Rockemondet. Presque tout fut fait prisonnier, avec la perte de l'artillerie consistant en une vingtaine de pièces.

« Après cette perte, les troupes de l'Hospice se replièrent aux retranchements du Prince-Thomas, où les Français les ayant suivis, ils les abandonnèrent et vinrent à la Roche-Taillée, où est un pont-levis. Mais ce poste pouvant être coupé, on se replia d'abord à Saint-Pierre, que Monseigneur joignit les troupes vers le 23 ou 24

(1) *Campagnes dans les Alpes*, 2e vol.

avril et les fit replier dans la nuit à Quarto, campées sur un plateau ou rive, au-dessus du chemin, où l'on fit cinq flèches qui ont coûté 10,000 livres. Elles étaient en saucisson à l'épreuve.

« Dans ce camp, on attendit les renforts et après on s'avança à couvrir la cité, en prenant la position de Roche-Taillée et le quartier général à Villeneuve, vers la moitié de mai. Ensuite, on prit la position des retranchements du Prince-Thomas, que les Français abandonnèrent après quelques coups de fusil. Ensuite, on fit monter du canon à la butte du Parc, précisément au-dessus du village de la Thuile, dans la nuit même, et on fut le matin contre les Français à la Golette qu'ils abandonnèrent, en regagnant les Eaux-Rouges, position qu'ils ont toujours tenue en avant-poste du petit Saint-Bernard.

Attaque pour reprendre le Saint-Bernard.

« Les Français étaient placés à la butte de l'Eau-Rouge, qui domine le pont Serran, ayant leur droite appuyée à d'autres postes sur la pente de la montagne, à diverses buttes à ressauts, sans cependant occuper le sommet de la montagne, où ils avaient seulement des vedettes ; à la gauche, ils appuyaient à un ravin inaccessible.

« L'attaque se fit en quatre colonnes, dont celle de la droite, partie du lac de Combal, remontant le vallon des Chavannes, devait gagner les hauteurs à la gauche des Français et longer pour se porter vers l'Hospice et prendre le poste de ce côté. Celle de gauche, partant du col du Mont, devait passer dans la vallée de Tignes et attaquer par derrière le Valezan, en longeant par crête et par les glaciers de Ruitor, arriver sur ce mont. Cette dernière ne put arriver par la difficulté des chemins. Deux autres colonnes partirent du retranchement du Prince-Thomas. Celle du centre fit la route marquée sur le dessin. L'autre longea les hauteurs à la droite des Français, qu'ils ne purent arriver à temps, attendu que l'officier qui conduisait le bataillon de troupes légères ne pouvait marcher; cette colonne manqua à part quelques volontaires.

« Celle du centre attaqua de front la butte des Eaux-Rouges, garnie de bois de pins, battue par un obusier placé sur le grand chemin, en deça du pont Serran. Les Français abandonnèrent la butte avec leur camp et des canons de campagne. Les Piémontais s'amusant à piller le camp et les magasins, débandés, furent réattaqués avec vigueur par les Français qui les obligèrent à se retirer. Cette affaire coûta environ 300 hommes. On fit aux Français 64 prisonniers. A cette attaque on perdit le major Devonex et le lieutenant-colonel Chamousset. »

VI

Le général Dumas envoya, de cette affaire, au Comité de Salut Public le rapport suivant (1), vraiment laconique :

« A Briançon, le 6 messidor de l'an II
de la République une et indivisible.

« *Le général en chef de l'armée des Alpes au Comité de Salut Public.*

« D'après le rapport qui vient de m'être envoyé par le général Badelaune de l'attaque du Saint-Bernard par les Piémontais, il en résulte que nous lui avons tué une centaine d'hommes et fait cent prisonniers, non compris les blessés qui sont en assez grand nombre.

« Il y a parmi eux beaucoup d'officiers. Notre perte n'est pas encore connue à cause de la difficulté de la constater sur les montagnes où s'est passé le combat. Son résultat a été en notre faveur et nous avons

(1) Archives historiques de la Guerre. — Aucune des pièces citées dans ce rapport ne lui est restée jointe.

toujours les mêmes postes en avant de la Thuile, pour défendre le col de l'Allée-Blanche et celui de Grisanche.

« Salut et fraternité.

« *Alex.* DUMAS. »

« Je vous envoye le trait de courage du citoyen Ducarre, sergent au 4e bataillon de l'Ain ; il mérite d'être connu de la Convention pour récompense de son intrépidité et pour l'encouragement de l'armée On me fait espérer qu'on sauvera ce brave homme. Vous trouverez ci-joint une lettre pour le général Carteaux ; vu l'état où il est, j'ai cru devoir vous l'adresser. »

Comme nous voilà loin de l'enflure qui caractérisait les précèdents rapports du général Dumas, enflure qui faisait d'autant mieux ressortir la figure strictement militaire de Badelaune et la simplicité de son style !

Faut-il voir dans le laconisme de Dumas une preuve, plus certaine que les précédentes, de l'hostilité qu'il ressentait pour Badelaune ? La chose est permise ; en tout cas, les représentants en mission eurent à s'occuper de cette affaire, sur des indications venues du Comité de Salut public ; on le verra dans les lettres publiées ci-après, en même temps que ces lettres donneront des indications sur la situation des postes à la frontière. Elles s'arrêtent naturellement au

9 thermidor ; car l'événement politique qui se produisit alors eut une répercussion dans l'armée et dans la conduite des opérations. Dans le courant de juillet, Dumas avait été appelé à Paris, et remplacé provisoirement par le général Petit-Guillaume dans le commandement en chef de l'armée des Alpes, commandement qu'il ne devait plus exercer.

Du 11 Juillet 1794 (1)

« *Les Représentants du Peuple près l'armée des Alpes au Comité de Salut public.*

« Citoyens collègues,

« Nous recevons votre dépêche du 17 messidor, par laquelle vous nous témoignez quelques inquiétudes sur la situation du Saint-Bernard. Elles paraissent fondées : 1° sur les lettres allarmantes qui vous ont été adressées ; 2° sur la trop grande dissémination des forces de l'armée, et 3° sur l'apparence de quelques mésintelligences entre les généraux.

« D'abord nous avons été comme vous écrasés d'avis plus fâcheux les uns que les autres concernant le mont Saint-Bernard, et les projets des émigrés dans le Valais ; mais la bravoure de nos soldats, les soins de Badelaune et les renforts envoyés par Dumas ont bientôt arrêté les espérances des Piémontais.

« Nous partons demain matin pour le

(1) Archives historiques de la Guerre.

Mont Bernard et le Mont Cenis ; Petit-Guillaume, commandant en chef pour l'absence, nous accompagne ; nous verrons par nous mêmes tout ce qu'il sera nécessaire d'ajouter de ce côté aux forces que le général Dumas avait jugé à propos d'y tenir pour la défense. En cas d'insuffisance, nous ferons retirer un ou plusieurs bataillons de seconde ligne, que nous ferons remplacer par ceux de la réquisition extraordinaire à laquelle nous avons eu recours, dès que vous nous avez manifesté les besoins de l'armée du Rhin, et la nécessité d'y faire passer des renforts.

« A l'égard de la dissémination des forces sur la frontière des Alpes, elle nous paraît être l'effet presque nécessaire de la nature du pays, à cause de la multitude infinie des grands et petits cols, qui, se jettant les uns dans les autres, obligent forcément les généraux à tenir partout des postes plus ou moins forts d'observation pour éviter les surprises; mais, en cas de besoin, ces postes s'avertissent, se renforcent les uns les autres et frappent ensuite de concert les grands coups.

« Il nous a paru, comme à vous, citoyens collègues, qu'il ne régnait pas entre Dumas et Badelaune cette cordialité franche qui exclut toute idée de mésintelligence. Peut-être avait-on mis en tête à Dumas que Badelaune visait au commandement en chef. C'est du moins ce que nous avons pu indirectement recueillir sur la cause de cette espèce de petite jalousie de métier. Mais le fait est que, si Dumas l'a cru, il l'a cru trop légèrement et que jamais rien dans la conduite de Badelaune ne nous a paru justifier cette idée. Heureusement, nous avons trouvé le moyen de *faire en sorte* que cette rivalité ne portât aucun préjudice aux intérêts de la République.

« Au fond, le mont Saint-Bernard confié à Badelaune nous paraît en très bonnes mains ; les Piémontais s'y étaient portés en force ; Badelaune a demandé du secours ; il lui a été envoyé et les esclaves ont été frottés de main de maître ; vous voyez qu'il n'y a rien là d'allarmant. Maintenant, il paraît que c'est contre le Mont Cenis qu'ils vont diriger leurs efforts. Desclayes y commande ; nous allons nous y rendre et, s'ils attaquent, nous espérons leur donner une nouvelle leçon à la Républicaine.

« Par une de vos précédentes lettres, vous nous demandez des renseignements sur les officiers généraux ; nous recueillons des instructions ; nous observons dans nos tournées et nous vous dirons, le plus tôt possible, ce que nous aurons appris et reconnu de chacun d'eux. L'expérience nous apprend que nous sommes arrivés à l'armée des Alpes un ou deux mois trop tard. Ce n'est pas dans un jour que l'on peut approfondir le caractère des hommes. Comptez sur notre vigilance, comme sur notre zèle infatigable.

« Salut et fraternité,

« Albitte, Laporte.

« Au quartier général à Briançon, le 23 messidor, an II de la République française, une, indivisible et démocratique. »

Du 18 Juillet 1794 (1)

« *Extrait d'une lettre des R. du P. près l'armée des Alpes aux R. du P. composant le Comité de Salut Public de la Convention nationale, à Paris, écrite de Nargue-Sarde, le 30 messidor, an II.*

« Citoyens collègues,

« Nous venons de recevoir votre lettre du 20 messidor, de laquelle nous concluons que vous approuvez le plan qui a dû vous être soumis par notre collègue Robespierre jeune, envoyé à cet effet près de vous. En conséquence, nous allons tout disposer pour les deux sièges dont vous approuvez l'entreprise, et nous le faisons de telle manière qu'en attaquant de concert avec l'armée d'Italie, nous prendrons en même temps nos mesures pour mettre le mont Saint-Bernard et le mont Cenis dans un état respectable de défense.

« Nous venons du mont Cenis, où nous avons concerté avec le général en chef Petit-Guillaume et le général divisionnaire Declaye, toutes les dispositions humainement possibles pour faire garder ce poste cet hiver, et pour y rendre la vie aussi douce aux soldats, que la rigueur du climat peut le permettre ; nous avons fait renforcer le poste, et nos batteries y sont maintenant disposées et approvisionnées, de manière à ne vous laisser aucune sorte d'inquiétude sur ce point. Nous gravissons maintenant

(1) *Campagnes dans les Alpes*, 2e.

les rochers du Saint-Bernard et nous nous occupons d'y établir les mêmes moyens de défense et de conservation.

« Il nous a paru que le général en chef Dumas n'avait point laissé à la disposition du divisionnaire Badelaune une force suffisante pour enlever aux Piémontais l'espérance de parvenir à nous arracher ce poste important, conquis par la valeur de nos volontaires. Nous allons y suppléer aussitôt que les nouveaux bataillons de réquisition, qui se lèvent en ce moment, nous permettront de retirer le bataillon qui reste à Commune Affranchie et le destiner à la garde du mont Cenis et du mont Saint-Bernard.

« En attendant, les généraux Badelaune et Declaye ne nous annoncent aucune inquiétude, quoique l'ennemi soit en face et en force ; nous pouvons même presque dire qu'ils vous répondent du poste...

« ALBITTE, LAPORTE. »

« *Extrait d'une lettre adressée le même jour à Robespierre le jeune.*

« ... Le Comité de Salut public vient d'appeler près de lui le général en chef Dumas, commandant l'armée des Alpes. Nous avons eu lieu de soupçonner que le plan de campagne concerté entre nous à Colmars et Nice, n'a jamais été trop de son goût. Nous soupçonnons que le motif de cette espèce de répugnance que nous avons cru remarquer pouvait provenir : 1° de ce que le plan a été concerté sans sa participation ; 2° de ce que les deux armées des Alpes et d'Italie, une fois rendues dans la plaine de Piémont, semblent destinées à ne plus faire qu'une armée, et comme une armée n'a pas besoin de deux généraux en chef, il nous a paru que Dumas a redouté la réunion, parce qu'il craignait de trouver dans le général en chef de l'armée d'Italie un rival pour le commandement. Si nos conjectures à cet égard ont quelque fondement, comme nous le croyons, il nous paraît que le Comité de Salut public fera très sagement d'employer d'un autre côté le général Dumas et de laisser le commandement provisoire de l'armée des Alpes entre les mains du général Petit-Guillaume, qui est inaccessible aux petites jalousies de métier et qui conduit les opérations de la meilleure foi du monde...

« Albitte, Laporte. »

Du 25 Juillet 1794 (1).

LIBERTÉ — ÉGALITÉ

« *Les Représentants du Peuple près l'armée des Alpes aux Représentants du Peuple composant le comité de Salut public.*

« Chers collègues,

« Par nos dernières lettres, nous vous annonçâmes notre voyage aux monts Cenis et Saint-Bernard. Aujourd'hui, nous vous apprenons notre retour dans ces lieux. Nous pouvons vous assurer que nous avons tout vu, que nous avons pris toutes les mesures qui étaient en notre pouvoir pour assurer la possession de ces postes importants et

(1) Archives historiques de la Guerre.

de leur conservation, et, sur ce, les généraux nous en répondent de concert avec les braves soldats de la République.

« Après avoir passé le mont Genèvre et le Galibier, nous nous sommes rendus sur le mont Cenis. Notre premier soin a été de pourvoir aux besoins de nos frères d'armes; nous leur avons accordé la continuation de la distribution des légumes, une ration de pain de supplément tous les quatre jours et la ration d'eau-de-vie journalière, l'extrême vivacité de l'air dans ces lieux, leurs travaux multipliés et les fréquents bivouacs exigeant impérieusement ces mesures qui ont été appliquées aux postes de Saint-Bernard et de l'Assiette.

« Nous avons aussi pourvu à toutes les autres nécessités et nous les avons tous vus. Nous avons là un général de division (Declaye) qui nous paraît également patriote et brave ; il est secondé par des adjudants-généraux et par un général de brigade sur qui il nous semble qu'on peut compter. Nous avons là de bons postes et quatre mille soldats républicains qui ne respirent que pour la patrie et que dix mille Piémontais attaqueraient en vain. Ils inquiètent souvent l'ennemi, et tous nous ont juré de ne descendre jamais le Mont Cenis que du côté de l'Italie.

« Les postes intermittants de Bessan et de Bonneval, que nous avons visités et qui couvrent la droite du Mont Cenis sont également en bon état ; ainsi tout nous engage à vous assurer que le Mont Cenis sera bien conservé.

« Après avoir fait notre travail dans cette

partie, nous avons traversé le Mont Iséran, la vallée de Tignes, et parcouru toute l'étendue du Saint-Bernard. Le général Badelaune est là ; il est bien secondé ; il commande près de cinq mille brave gens et nous a répondu avec eux de la possession de cette partie de la frontière. Là, comme partout, le soldat français est excellent et est fait pour donner l'épouvante à un triple nombre de satellites des tyrans.

« L'Allée-Blanche, qui communique pendant quelques instants de l'été dans le Faucigny par la vallée d'Aoste, nous donnait quelque inquiétude ; nous nous y sommes rendus; elle est gardée par quatre cents hommes et du canon et appuyée par de bons postes établis aux Chapieux et sur la montagne du Bonhomme que nous avons également parcourus.

« Les Piémontais se retranchent avec une activité extraordinaire sur les hauteurs opposées au Mont Saint-Bernard. Nous avons un peu troublé leurs travaux et nos opérations prochaines concertées avec l'armée d'Italie dérangeront leurs projets *offensi-déffensifs*, en leur causant la plus désagréable diversion et mettant à même Badelaune de renverser leurs savants retranchements.

« Nos braves qui viennent d'enlever dernièrement le poste des Quatre Dents, situé sur la crête des montagnes qui couvrent Exilles, ont établi par là des communications entre les vallées conquises et le Mont Cenis.

« Nous allons nous rendre sans délai aux Barricades et faire mettre en mouvement ce que nous pourrons pour seconder les mouvements de l'armée d'Italie qui s'ébranle et va en avant. Aussitôt notre arrivée sur les lieux, nous serons à portée de vous donner de plus amples développements sur les opérations combinées. Nous nous en tenons aujourd'hui à vous assurer que les postes du Mont Cenis, du Saint-Bernard et de l'Allée-Blanche sont assurés et que nos victoires au Nord et sur le Rhin ne seront point ternies par des échecs sur les Alpes.

« Salut et fraternité.

« Albitte, Laporte. »

« A Chambéry, le 7 thermidor, an II de la République, une, indivisible et démocratique. »

La fin d'une carrière

I

On a vu déjà pourquoi les plans de campagne élaborés par les représentants en mission aux armées des Alpes et d'Italie, et rappelés dans certains passages des lettres précédentes, ne furent point exécutés en 1794. L'attaque du Petit-Saint-Bernard, le 18 juin, devait être le dernier fait saillant des hostilités dans cette partie de la frontière des Alpes, et jusqu'aux premiers jours de l'hiver, Français et Piémontais restèrent face à face en observation.

Badelaune avait installé son quartier-général à Moûtiers; mais il est certain qu'il profitait de l'inaction imposée aux troupes pour passer quelques jours à Annecy, auprès de sa femme et de ses enfants, et donner quelques soins à sa santé fortement ébranlée. Si robuste que soit un tempérament d'homme, il ne supporte pas impunément les rigueurs de deux années de campagnes dans les hautes vallées, au pied des glaciers, alors surtout que tout manque même aux besoins les plus élémentaires du soldat en ce qui concerne les subsistances. Les deux hivers de 1792 à 1794 avaient été parmi les plus rigoureux; le séjour dans les cantonnements, excessivement pénible pour l'officier comme pour le soldat; la garde d'une étendue relativement considérable de frontière, la surveillance des postes, la préparation des opérations militaires faites de nuit et dans la neige, tous ces soins auxquels il fallait vaquer dans un pays de montagnes dépourvu de chemins, exigeaient du chef une dépense de forces considérable, et le bien-être matériel n'était pas là ensuite pour la réparer.

Les divers certificats médicaux que la veuve de Badelaune produisit pour obtenir une pension sont d'accord sur ce point : les fatigues extrêmes, les « contrastes violents de chaud et de froid », le défaut d'alimentation, une chute, en outre, faite dans les montagnes, avaient occasionné « une contusion et un engorgement du foie, qui s'est terminé par un abcès. » Peut-être aujourd'hui dirait-on que la réparation factice mais nécessaire des forces par l'eau-de-vie, qui ne fit jamais défaut aux troupes, avait amené une cirrhose du foie (1).

Toutefois, Badelaune se trouve à son poste, à Moûtiers, aux premiers jours de novembre. L'armée des Alpes était encore provisoirement commandée par le général Petit-Guillaume, car son nouveau chef, le général Moulin, nommé le 7 octobre, ne devait arriver que le 1er décembre à Chambéry. Puisqu'elle était condamnée à l'immobilité par la chute des neiges, on en tira le plus de troupes possible afin de renforcer

(1) Il faut croire que les études classiques étaient quelque peu négligées par les médecins du siècle dernier, si l'on s'en rapporte au certificat suivant délivré par l'un d'eux, et qui n'est cité ici qu'à titre de curiosité : « Je soussigné, officier de santé, certifie à touts ceux a qui la connaissance appartiendra avoir été appellé le trentes germinal ans 3mes de la république par le citoyen Nicolas Denis Basdelaune, général divisionnaire de l'Armée des Alpes, pour luy donné mes soin au suget de la maladie qu'il étais atin, après l'exament que je fit de la maladie, je reconnu une forte obstruction au foie, à la rate, au mesenteire, join un fort engorgement dans les vessaux emoroïdaux étens racorni, avec fièvre lente, ce qui me fit présumé que la maladie étais incurable, donc je conjecturais que sa maladie avais été occasionné par lé fatigue qu'il avais essué jour et nuit, sois au Mosegni et au Monbernard, la mauvaise nouriture et l'intempérie de l'air, sois la cause principale de la maladie, luy aient prescrit tout les remède convenable à la maladie jusqu'au jour qu'il partir pour Genève pour allé consulté, où il est mort quelque jour après son arivé, en fois de quoi j'ai livré le présent, etc. »

l'armée d'Italie qui devait être le pivot des opérations ; c'est ainsi que sept bataillons et deux compagnies d'artillerie sont successivement envoyés à Nice dans la première quinzaine de novembre.

Le 3 janvier 1795, Badelaune reçoit l'ordre de se rendre aussi à l'armée d'Italie, à Nice, où il a le commandement d'une division, en même temps que les généraux Gouvion et Vaubois ; il est remplacé à Moûtiers par le général de division Muller. Un mois après, son premier aide de camp, qui est aussi son beau-frère, le capitaine Nicolas, va le rejoindre. Comme documents remontant à cette époque, il n'existe dans le dossier de Badelaune aux Archives administratives de la Guerre qu'un état de ses services, suivi de notes militaires attribuées à deux de ses aides de camp, daté du 30 pluviôse de l'an III (18 février 1795).

Au début de la campagne de 1795, le 3 mars, Kellermann est nommé pour la seconde fois général en chef des deux armées des Alpes et d'Italie. La première était réduite à un effectif de 25,000 hommes, toujours répartis en quatre divisions : la 1re dans la vallée de la Durance ; la 2e en Tarentaise et Maurienne avec les généraux Pouget, Richon, Voillot, huit bataillons, 5,500 hommes ; la 3e gardait le Chablais et le Faucigny ; la

4e fournissait les garnisons de Lyon et Grenoble. La situation de l'armée était assez bonne, tant au point de vue de l'instruction et de la discipline, qu'au point de vue matériel.

Kellermann se rend d'abord à Chambéry; il prend les mesures administratives et militaires les plus propres à mettre l'armée en état de prendre l'offensive ; il la maintient provisoirement sous les ordres du général Moulin à qui il laisse une instruction détaillée pour la défense de la frontière. Voici ce qui concerne le Petit-Saint-Bernard :

« Cinq bataillons occuperont le mont Saint-Bernard, dont quatre compagnies seront détachées à Chamouny et Vallorcine.

« Cette position a pour objet de couvrir la Tarentaise et particulièrement le chemin de la vallée et celui de Saint-Maxime de Beaufort.

« Il (le général Moulin) doit donc porter toute son attention à surveiller le col de l'Allée-Blanche et il occupera le Bonhomme, en poussant des postes jusqu'à l'oratoire du glacier et au-delà.

« Par sa droite, il portera la plus grande attention à la vallée de Grisanche, par laquelle l'ennemi pourrait tourner la droite de la position du mont Saint-Bernard, à l'effet de remplir l'objet important d'entrer dans la Tarentaise.

« Il fera occuper Sainte-Foy et tâchera de s'emparer le plus tôt possible du col du Mont et du col de Grisanche. Il sentira l'importance de prévenir l'ennemi dans cette position, puisque, dans le cas de l'offensive, elle nous ouvre un débouché intéressant sur la vallée d'Aoste par la vallée de Grisanche, et, dans le cas de la défensive, couvre le Bourg Maurice et assure la communication avec le Mont-Cenis.

« Le général Moulin consultera le tableau des positions occupées l'année dernière, auxquelles il fera les changements qu'il jugera convenables, etc., (1). »

Kellermann ne se contente pas de préciser l'objectif à atteindre, à savoir la prise du col du Mont ; il désigne le chef à qui il confie l'entreprise en rappelant de Nice le général Badelaune pour lui donner le commandement des troupes de la Tarentaise à la tête desquelles il s'était tant distingué. Ces troupes étaient ainsi constituées (d'après l'état de situation du 4 mai) (2) :

6e de l'Ain, au St-Bernard (hospice)..	870 h.
4e de l'Ain, au Miroir..................	862
1er bataillon franc de la République, 5 compagnies, à Bourg St-Maurice	433
1er Côte-d'Or, à Aime..................	342
2e bat. du 79e régiment, à Moûtiers	912
Grenadiers du 8e Isère, à Moûtiers..	83
Guides à pied, à Bourg St-Maurice..	20
Artillerie......,...........................	220
Génie	56
Gendarmerie.............................	39
	3.837 h.

(1) *Campagnes dans les Alpes*, 2e vol.
(2) Même volume.

II

Malade, Badelaune se rendit de Nice à Annecy qui, du reste, faisait partie de son commandement de la 2e division de l'armée des Alpes ; c'était à la fin de mars ou peut-être, aux premiers jours d'avril. Il eut avec la municipalité quelques démêlés qu'il s'efforça d'aplanir ; la cause apparente en est réellement mince, on va voir qu'il s'agissait notamment d'une nomination au commandement de la place d'Annecy ; aussi, est-il légitime de croire qu'elle ne devait servir qu'à cacher des dessous, car une trace en apparait dans une des lettres écrites officiellement à Badelaune. Le général était devenu, ni plus ni moins, un suspect.

Il faut se souvenir en effet qu'à cette époque, on était encore en pleine réaction, dans l'armée surtout, contre tous ceux qui avaient marqué avant le 9 thermidor, pendant la Terreur. Bonaparte avait été rayé des cadres ; le général Garnier, de l'armée d'Italie, suspendu ; Masséna, Sérurier, Gouvion, et tant d'autres n'avaient pas été compris dans le premier travail d'organisation du personnel des officiers généraux. Le chef de bataillon Suchet avait échappé par la fuite à une arrestation imminente. Il suffisait encore de quelque dénonciation pour constituer un chef d'accusation. Au bout de quelques mois, cet acharnement des thermidoriens faiblit, et chacun put alors faire valoir les droits qu'il avait à reprendre sa place.

Au sujet de Badelaune, voici tout ce que les Archives municipales d'Annecy fournissent (1) :

Du 20 Avril 1795

« *Arrêté du Conseil général de la commune d'Annecy, en date du 1er floréal an III.*

« Lecture faite de l'extrait d'un acte communiqué ce matin au Bureau par le citoyen Desservetaz, lieutenant de la gendarmerie, portant qu'il prendrait le commandement d'Annecy et ferait faire exactement des patrouilles de nuit par la garde nationale à laquelle il joindra un ou deux gendarmes, en date du 30 germinal passé, scellé et signé: le Général divisionnaire commandant la

(1) J'en dois la communication à l'obligeance de M. C. Pissard, secrétaire en chef de la Mairie d'Annecy.

seconde division de l'armée des Alpes, Badelaune ;

« Le Conseil général de la commune, considérant que le commandement d'Annecy ne sçaurait être donné qu'autant que cette ville serait en état de siège, ce qui ne peut être sous aucun rapport ;

« Considérant qu'aux termes de l'art. 3, titre 3, de la loi du 10 juillet 1791 ; art. 11, section 3, de celle du 14 octobre suivant, le citoyen Desservetaz, lieutenant, inférieur en grade au commandant de la garde nationale en activité de service, ne peut recevoir ce commandement ;

« Considérant d'ailleurs qu'il ne conste pas que le citoyen Badelaune se soit conformé aux dispositions des art. 8, 9 et 10 de la dite loi du 10 juillet 1791 ;

« Ouï l'agent national,

« Arrête qu'il n'y a lieu à l'enregistrement de l'acte ci-dessus énoncé, que le citoyen Badelaune est invité à le retirer aussitôt, et que cependant le commandant de la Garde nationale sera avisé séance tenante de continuer le commandement de la place et le présent sera transmis de suite au dit citoyen Badelaune. »

Dès avant la séance du Conseil général, cependant, Badelaune avait rapporté la nomination qu'il avait faite la veille, car l'agent national donna lecture, à ce moment de la séance, de l'ordre qui l'annonce :

« Sur les représentations qui m'ont été faites par l'agent national du district d'Annecy, en vertu de la loi du 8 juillet 1791, j'ai retiré le commandement de la place d'Annecy des mains du cit[en] Desserveta pour le conférer au c[n] Daviet, Comm[t] de la Garde nat[le], auquel le présent servira d'ordre.

« Fait à Annecy, ce 1er floréal, an III.

« Signé : *Le général de division comm[t] la 2e division de l'armée des Alpes*,

« Badelaune. »

« J'ai l'honneur de prier le cit[en] agent national de signifier officiellement la présente au lieutenant de gendarmerie Desservetaz.

« Signé : Badelaune. »

Le procès-verbal de la séance du Conseil général continue en ces termes :

« L'Agent national du district ayant fait passer un extrait authentique de la révocation qu'a faite le général Badelaune du commandement de la place d'Annecy, pour le conférer au citoyen Daviet, comm[t] de la Garde nationale, un membre a observé que le général Badelaune n'ayant pas justifié de pouvoirs supérieurs à ceux énoncés dans l'art. 3 de la dite loi du 10 juillet qui puisse rendre électif l'officier chargé du commandement, le citoyen Daviet, en vertu de son grade, n'avait cessé l'exercice de cette charge ; ouï l'agent national,

« Arrête que la précédente observation sera insérée au procès-verbal. »

Sans doute Badelaune ne tenait pas à voir le commandement de la place d'Annecy aux mains du commandant de la garde nationale, car, dans la semaine, il le confiait à un officier nouvellement arrivé en détachement à Annecy, ce qui motivait le nouvel arrêté suivant, et une démarche de la municipalité :

Du 27 Avril 1795

« *Arrêté du Conseil général de la commune d'Annecy, en date du 8 floréal, an III.*

« Le Maire fait lecture d'une lettre de ce jour que vient de lui remettre le citoyen Daviet, commandant de la Garde nationale, à lui adressée par le général divisionnaire Badelaune, portant que le capitaine Chabert, commandant le détachement des Sapeurs qui doit cantonner dans cet endroit, a ordre de prendre le commandement de la place.

« Le Conseil général, considérant que la majeure partie des circonstances qui déterminèrent la Municipalité dans son arrêté du 1er du courant, se rencontrent dans le cas actuel, et qu'en outre elle a par devers elle des motifs pressants qui l'engageraient d'ailleurs à solliciter la conservation du commandement entre les mains du citoyen Daviet ;

« Ouï l'Agent national,

« Arrête qu'il persiste à son précédent arrêté et que le citoyen Maire est invité de faire part au général Badelaune des différents motifs, et extrait du présent sera transmis au dit Badelaune.

« *Le Maire de la commune d'Annecy au général divisionnaire Badelaune*

« Citoyen général,

« La Municipalité m'a chargé de vous aviser des motifs qui ont déterminé son arrêté de ce jour et de celui du 1er du courant.

« J'espère que vous ne verrez dans cette démarche qu'une explication franche et loyale relative à des mesures qui, intéressant différents corps et la sûreté publique, ne peuvent être traitées ainsi que des contestations particulières.

« Vous avez sans doute oublié d'édifier les autorités civiles de l'enregistrement de vos lettres de service au Directoire du département, suivant que l'art. 8, titre 3, de la loi du 10 juillet 1791 le prescrit ; l'art. 3 du même titre porte que le commandement des troupes sera dévolu, sous les ordres de l'officier général chef de l'arrondissement, à celui des officiers employés en activité dans la dite garnison qui se trouvera le plus ancien dans le grade le plus élevé, sans distinction d'armes.

« Le capitaine des sapeurs, inférieur en grade au commandant de la garde nationale, se trouve par là même exclu du commandement. Vous ne pouvez douter que la garde nationale soit en activité puisqu'elle est continuellement en service dans cette commune et qu'elle est souvent requise par l'administration du district pour les communes voisines : l'exercice de ce service la constitue en activité suivant l'esprit de l'art. 11, section 3, de la loi du 18 octobre 1791, qui s'exprime en ces termes : « Les

« corps de la garde nationale auront en tout « lieu le pas sur la gendarmerie nationale « et la troupe de ligne, lorsqu'ils se trouve- « ront en concurrence de service avec elles, » et ce service doit être entendu suivant l'art. 10 précédent qui n'a relation qu'à la police. D'ailleurs, le Gouvernement étant devenu orageux dès la publication de la loi, les gardes nationales sont toujours censées en permanence.

« J'ajoute, citoyen Général, que la Municipalité, faisant les fonctions de police de sûreté générale, est dans le cas de s'assurer de tous ceux qui commandent la force armée et nous ne devons pas courir les chances du hasard auxquelles il serait possible que nous fussions exposés, si ces individus avaient des principes différents de ceux qu'a proclamés la Convention nationale. Il serait bien le cas, s'il en fut jamais, de faire l'application de la loi du 10 juillet 1791 (art. 9) qui charge l'officier général commandant de se concerter avec toutes les autorités civiles à l'effet de procurer l'exécution de toutes les mesures ou précautions qu'elles auront pu prendre pour le maintien de la tranquilité publique ou pour l'observation des loix : et sans doute la nomination d'un commandant, à supposer qu'il y eut lieu à choisir entre deux officiers du même grade et de même ancienneté, doit être classée au nombre de ces mesures.

« Salut et fraternité.

« Signé : FAVRE, *maire.* »

Du 29 Avril 1795

« *Les membres du comité de police et de sûreté générale d'Annecy, au citoyen général* Badelaune.

« Citoyen général,

« Dès votre arrivée en cette commune, il nous est parvenu différentes plaintes que des personnes que vous ignorez sans doute suspectées par le public se réunissent dans votre maison. Fondés sur votre patriotisme bien connu et étranger aux factions qui ont déchiré la République, nous avons tâché de calmer l'inquiétude de ces êtres pusillanimes et leur avons manifesté que, loin de seconder les efforts de la malveillance, votre sagesse en étoufferait le germe, si jamais les personnes qui vous fréquentent osaient s'entretenir devant vous d'une correspondance avec les factieux de Paris.

« Cependant des craintes se succèdent et se propagent surtout depuis la fin de germinal. Il est instant, Général, de faire cesser ces alarmes ; le public, déjà froissé par plusieurs événements, attend avec impatience le moment de la sécurité ; il rapproche les circonstances qui se sont présentées dès dix à douze jours ; la journée du 29 germinal lui paraît liée à quelques faits épars qui se sont passés sous ses yeux.

« Agissons de concert, général, pour écarter tout prétexte qui pourrait troubler la tranquillité commune ; cette partie du peuple, composée d'êtres faibles et timides, mérite des ménagements ; nous nous persuadons que de votre côté vous tâcherez de faire cesser jusqu'au moindre soupçon qui puisse alimenter cette inquiétude dangereuse dans les moments critiques d'une révolution.

« Jusqu'à présent nous avons été assez heureux pour nous préserver des agitations du midi et de la réaction des passions particulières. Il est de notre devoir de nous maintenir dans cet état et la circonspection la plus scrupuleuse nous devient nécessaire.

« Salut et fraternité.

« Signé : Favre, maire ; Decoux, Salomon, officiers municipaux; Buttin, notable; Payrat, secrétaire général. »

III

Il n'est pas possible de savoir, d'après les archives municipales, quels sont les faits auxquels fait allusion cette lettre d'allure conciliante et modérée, ni ce qu'a été cette journée du 29 germinal. Annecy vit-il le désordre régner pour un jour dans les esprits ? Y eut-il comme une sorte d'émeute où la garde nationale aurait penché du côté des émeutiers ? Cela, semble-t-il, aurait justifié la mesure prise dès le lendemain 30 germinal par le général, chef militaire de l'arrondissement, de ne pas laisser le commandement de la place au chef de la garde nationale, mesure qui aurait seule provoqué, en sens contraire, l'intervention du Conseil général de la commune, prenant fait et cause pour la garde nationale et s'armant d'articles de lois qui n'offraient de douteux que les circonstances où ils étaient applicables.

Quant aux visites suspectes que recevait

Badelaune, il y a lieu de croire, d'après la dernière pièce officielle qu'on lira plus loin et qui termina la carrière du général, que c'étaient celles des officiers du bataillon du 79e régiment qui venait d'être affecté de nouveau à la prochaine campagne de Tarentaise. Comme tous les régiments de l'ancienne armée, le 79e comptait un grand nombre d'officiers qui avaient émigré, d'autres qui pouvaient n'avoir pas témoigné une ardeur assez démonstrative pour la Révolution ; quelques-unsdes premiers étaient-ils rentrés ? ou les autres avaient-ils accentué leur attitude ? ou plus simplement encore, les survivants de l'ancienne armée se trouvaient-ils, plus à cette époque qu'aux précédentes, les victimes de la réprobation publique déjà plusieurs fois manifestée contre elle ? On choisira l'hypothèse qui paraîtra la plus plausible.

Badelaune répondit à la municipalité par la lettre suivante :

Du 29 Avril 1795

« Annecy, ce 10 floréal l'an III.

« Citoyen Maire,

« Ma maladie qui n'a fait qu'augmenter depuis plusieurs jours par rapport au vent qui a régné, a retardé d'heure en heure la réponse que je voulais vous faire relativement aux deux arrêtés de la Commune.

« Comme nous avons des loix postérieures à celles que vous cités, faites pour le tems de guerre seulement, je n'ai pas entendu me départir de mes droits en annullant la nomination du citoyen Desservetta. Ces seules observations du citoyen Procureur sindic du district, qu'il n'avait pas votre confiance, ont suffi et suffiront toujours pour casser les commandements que j'aurai droit de donner

« J'écris au général Kellermann et au Représentant Dumaz près cette armée pour savoir quels sont définitivement mes droits dans ces nominations. Quelque soit la réponse en ma faveur ou non, je vous réponds que dorénavant nous agirons toujours de concert sur cet article pour [que] le plus parfait accord, si nécessaire présentement, règne entre les autorités civiles et militaires.

« Il est très certain qu'une bonne santé aurait évitée tous ces inconvénients. Je me suis expliqué avec le citoyen procureur sindic sur la lettre que vous m'avés écrite ce matin. Soyez persuadé que quelques soient les hommes que les affaires conduiront chez moi, il ne se tiendra jamais impunément en ma présence des propos qui tendraient à troubler le repos public et à altérer notre respect et notre ralliement autour de la Convention.

« J'ai l'honneur d'être, citoyen maire,

« Votre très attaché citoyen,

« Badelaune. »

Dans sa séance du lendemain 11 floréal, le Conseil général arrêta l'insertion au registre de correspondance des lettres précédentes dont le maire lui donna lecture ; et il parut dès lors que l'incident fut clos. Toutefois, le procureur-syndic du district demanda, le 13 floréal, un extrait de l'arrêté du 1er floréal :

« Citoyens, — Le procès-verbal que vous avez dressé au sujet de la nomination illégale par Badelaune de Deserveta au commandement de la place d'Annecy m'étant nécessaire, je vous invite à m'en faire parvenir de suite un extrait authentique, de même que de la nomination faite par Badelaune, dans le cas qu'elle soit entre vos mains. Salut et fraternité.

« Signé : PH. ROSSET. »

C'étaient sans doute les éléments constitutifs d'un dossier qui arriva au Comité de Sûreté générale, en même temps que d'autres renseignements lui parvenaient par voie non officielle.

Quelques jours plus tard, Badelaune recevait du général Piston, chef d'état-major de l'armée des Alpes, l'invitation de se rendre en Tarentaise à la tête de sa division ; mais son état de santé était actuellement tel qu'il ne put quitter Annecy. Peut-être aussi quelqu'un de bien placé à Paris lui fit-il passer l'avis que quelque chose se préparait contre lui car il jugea nécessaire de se rendre à Genève, c'est-à-dire au-delà de la frontière, malgré son état de santé très aggravé. Un certificat médical porte : « qu'à la date du 9 juin 1795, appelés à voir et à soigner le général Badelaune, alors grièvement malade dans une auberge de cette ville, nous le trouvâmes attaqué des symptômes les plus alarmants d'hydropisie compliquée avec tous les signes d'une irritation générale dans tous les viscères et dans la plus grande faiblesse... Nous en désespérâmes dès notre première visite... » A cette même date du 9 juin arrivait à Annecy, par la voie hiérarchique, le document suivant, dont le récit des faits qui précèdent a pu faire prévoir la venue :

LIBERTÉ. — ÉGALITÉ

« *Commission de l'organisation et du mouvement des armées de terre* (1).

« Paris, le 13 prairial,
« an III de la République française.

« *Extrait des Registres* du Comité de Salut public de la Convention Nationale, du 10e jour du mois prairial, l'an troisième de la République française une et indivisible.

« Le Comité de Salut Public, vu les dénonciations faites au Comité de Sûreté

(1) Archives administratives de la Guerre..— Cette commission avait remplacé le ministère de la guerre le 30 avril 1794 ; jusqu'en octobre 1795, Pille fut le seul commissaire.

Générale et renvoyées au Comité de Salut Public contre les officiers du bataillon de Boulonnais et le citoyen Badelonne, général de division à l'armée d'Italie,

« Arrête que le général Badelonne est suspendu de ses fonctions jusqu'à nouvel ordre.

« La 9e commission prendra sur le champ des informations sur les officiers inculpés, et si elles sont conformes à la dénonciation, elle ordonnera sur le champ leur arrestation.

« Charge la 9e commission de l'exécution du présent arrêté.

« Les membres du Comité de Salut Public,

Signé : Aubry, Gillet, Rabaut,
« Fourcroy, Defermon.

« Pour copie conforme,
« Signé : Cambacérès, Présᵗ ; Doulcet, Sre.

« Pour copie conforme, le commissaire,
« L.-A. Pille. »

Signé le 1er juin 1795, l'arrêté ci-dessus fut sans doute expédié de Paris le 2 juin ; il ne fallait pas moins de six jours pour qu'il parvînt à Chambéry, quartier-général du commandant de l'armée des Alpes. Ce serait donc le 8 juin au plus tôt qu'il serait arrivé à Chambéry, et le 9 qu'il aurait été notifié à Annecy, alors que Badelaune était à Genève depuis plusieurs jours, et très gravement malade. Il est très vraisemblable que Badelaune n'eut pas connaissance de cette mesure de rigueur, prise contre un général victorieux avant que les dénonciations qui l'avaient provoquée eussent été vérifiées, alors que celui qui en était victime mourait pitoyablement dans une chambre d'hôtel, à l'étranger, éloigné de sa femme, et de ses enfants, et mourait des fatigues qu'il avait éprouvées pendant ses campagnes. Que cette dernière affliction lui ait été épargnée, il faut le désirer car ç'eût été justice. Mais d'autre part, il ne lui a pas été donné de se disculper, de se laver des dénonciations lancées contre lui, de faire rapporter l'arrêté de suspension qui le frappait, et de rentrer en possession de ce grade de divisionnaire qu'il avait conquis, cependant, dans les neiges du Saint-Bernard. Sa mémoire, heureusement, n'en est point atteinte et aujourd'hui ne survit que le souvenir des victoires du Saint-Bernard et du Mont-Cenis dont le centenaire est encore si proche de nous.

Badelaune mourut le 27 prairial au matin, soit le 15 juin 1795. Son premier aide de camp, qui était aussi son beau-frère, fit aussitôt ramener le corps à Annecy où il fut inhumé le 28, au soir, dans le cimetière de la commune, avec les honneurs dus à son grade. L'acte de décès, dressé à Annecy le 28 prairial, porte :

« Que le citoyen Nicolas-Denis Badelaune,

« âgé de trente-neuf ans, natif de Paris,
« général divisionnaire de l'armée des Alpes,
« fils de feu Denis Badelaune, est décédé
« hier matin à sept heures, dans la ville de
« Genève, transporté en cette commune
« sous l'escorte d'un gendarme muni d'un
« ordre de route du jour d'hier à lui délivré
« à Carrouge par le commissaire des guerres
« Brac, et dans sa maison située au cy-
« devant Marquizat, section du midi, etc. »

Il en résulte donc que la municipalité d'Annecy n'avait point eu connaissance de l'arrêté de suspension, puisque l'officier de l'état-civil donne à Badelaune son titre de divisionnaire; on le retrouve aussi dans cette lettre qui sera la dernière publiée parmi celles qui concernent le général : elle est bien ici en situation, avec l'affirmation du désir constant de Badelaune de rester après sa mort près de ses compatriotes d'adoption, de dormir au milieu d'eux le sommeil éternel :

« ÉGALITÉ. LIBERTÉ
« ARMÉE DES ALPES
« Annecy, 28 prairial, l'an III de la République
« une et indivisible.

« *Le capitaine 1er Aide de Camp du général divisionnaire Badelaune aux citoyens Maire et Officiers municipaux de cette commune.*

« Citoyens, le général étant décédé hier matin à Genève, d'où je l'ai fait ramener, et lui ayant toujours ouï dire que s'il venait à manquer, son désir était d'être enterré ici, j'espère que vous lui donnerez par votre présence à ses funérailles les dernières marques d'amitié que vous lui avez toujours vouée.

« Salut et fraternité.

« L. NICOLAS. »

« *P.-S.* — Je prie le commandant de la garde nationale de lui faire rendre les honneurs dûs à son grade. J'espère que vous voudrez bien vous joindre à ma demande. Ce sera à 5 heures. »

La famille de Bas de l'Aulne

La veuve de Badelaune restait seule, avec trois enfants dont la dernière n'avait qu'un an, sans autre fortune que celle qui lui appartenait en propre et par contrat de mariage. Celle du général avait entièrement disparu pendant la durée de son commandement ; d'après une tradition de famille, elle aurait servi à l'entretien et à la solde de ses soldats dans les moments difficiles où la France ne pouvait y subvenir qu'avec des retards considérables, et incomplètement. Ce ne fut cependant que deux ans après la mort du général que sa veuve commença des démarches pour obtenir une pension, et ce, à la suite d'un incendie qui avait détruit son appartement et tout ce qu'il contenait, meubles, bijoux, linges et papiers (1). La

(1) Incendie, dans la nuit du 18 au 19 nivôse, an V, de « la maison provenue de l'émigré de Thônes et située en vue du Champ de Mars de cette commune. » La générale Badelaune en occupait le second étage

requête qu'elle adressa au Directoire fut appuyée par la lettre suivante :

Du 18 Mars 1797

« Paris, le 23 ventôse,
« an V de la République française.

Au Directoire Exécutif.

« Citoyens Directeurs,

« Nous vous transmettons une pétition que nous a adressé la veuve du général Badelaune. Six pièces y sont jointes dont cinq sont des certificats d'officiers de santé. Son objet est d'obtenir la pension que le gouvernement accorde aux veuves des Défenseurs de la Patrie. Nous vous invitons à donner tels ordres que vous jugerez convenables pour accéllerer la liquidation.

« L'histoire a déjà marqué la place du général Badelaune parmi les héros de la Révolution. Le gouvernement qui est son contemporain ne saurait l'oublier.

« Salut et respect.

« Les soussignés, Représentants du Peuple,

Marbot ; Dumaz ; Marin ; Marcoz ; Duport, du Mont-Blanc ; Gavard ; Dubouloz ; Cassanyes, des Pyrénées (1). »

depuis un mois avec ses enfants, sa sœur et le mari de celle-ci, le citoyen Nicolas, capitaine des carabiniers de la 18e demi-brigade d'infanterie légère, alors en convalescence.

(1) Marbot était le père du général baron de Mar-

Les formalités administratives, la formation du dossier, les enquêtes, tout cela prit dix-huit mois. Le droit à la pension fut reconnu, en octobre 1798, par un rapport au Directoire. Au moment de l'attribution de la pension, on s'aperçut que les pièces devaient être légalisées par les administrateurs du département du Mont-Blanc. Cette dernière formalité remplie, le brevet de pension fut signé et envoyé le 20 août 1799. Il accordait une pension alimentaire de 600 francs à la veuve, et une de 300 fr. à chacune des trois enfants jusqu'à leur douzième année

De son mariage avec Françoise Gaud, Badelaune avait eu quatre enfants. Joseph-Alexis, l'aîné, né le 14 avril 1788, mourut à Paris lors du séjour qu'y fit son père de 1790 à 1792. Les autres furent trois filles, Louise, Augustine et Véturie.

Née à Annecy le 10 décembre 1789, Louise de Bas de l'Aulne épousa Nicolas Velland, négociant ; elle en eut deux enfants, un garçon et une fille, celle-ci mariée au docteur Terrier.

Augustine naquit à Paris le 8 juillet 1791. On la maria très jeune à M. Lemaignan,

bot. Cassanyes avait été en mission dans le Mont-Blanc. Les autres signataires, tous du Mont-Blanc, anciens conventionnels, avaient été élus aux Cinq-Cents.

sous-préfet à Annecy, mort le 10 octobre 1809. Veuve à dix-huit ans, elle épousa en secondes noces François Saillet, imprimeur-libraire, descendant d'une ancienne famille de notables et bourgeois d'Annecy, père d'Alexandre et de François, morts aujourd'hui, et de mesdames Lépine et Valls.

Véturie, née à Annecy le 29 thermidor, an II, épousa Henri Malvani, chirurgien-major de l'armée piémontaise, et lui donna cinq enfants parmi lesquels Octavie fut une cantatrice célèbre ; elle se fit entendre sur les principales scènes d'Italie, à Vienne, à Berlin ; elle dut renoncer au théâtre pour cause de santé, et épousa le comte Louis Ferraris, devenu sénateur et ministre d'Etat du royaume d'Italie. Curtius, ingénieur civil, élève de l'Ecole centrale de Paris, fit sa carrière dans les chemins de fer italiens ; il mourut encore jeune. César Malvani suivit la carrière militaire ; il devint général de division, inspecteur des directions du génie à Rome.

Françoise Gaud, veuve du général Badelaune, épousa en secondes noces, le 23 prairial an VI (1798), Claude-Marie-Joseph Philippe, commissaire du Directoire exécutif près le tribunal correctionnel d'Annecy, qui devint Représentant du Peuple au Conseil des Cinq-Cents le 20 mai 1799 jusqu'au coup d'état du 18 brumaire. De ce mariage naquirent Joséphine, mariée à François Puget, de la Rochette; et Alexandre, avocat au Sénat de Savoie, père de Jules Philippe.